for the future

21世紀の
学校づくり

中学校編

とっておきの道徳授業 IX

● 脳が活性化する道徳授業35選 ●

「道徳のチカラ」中学 編著

＜憧・知・驚・顧＞
4つのキーワードで仕掛ける！

日本標準

はじめに

　中学校学習指導要領で，道徳の時間の目標は，「道徳的価値及びそれに基づいた人間としての生き方についての自覚を深め，道徳的実践力を育成する」とされています。しかし，「自覚を深める」という条件を，はたして中学校の道徳授業は満たしているでしょうか。
　心に残り，人生で困った時にその道徳授業で考えたことがふと心に浮かび上がり，生きていく上で，時には指針になり，時には戒めになるような道徳授業。そのような道徳授業になるために気をつけるべき4つのポイントをあげます。
　1．人の美しい生き方を提示できず，胸に響かない授業になっていませんか。
　　　「自分もそうありたい」という憧憬が，自覚へと誘うのです。
　2．「知っていることばかりだ」と知的好奇心を喚起できないでいませんか。
　　　「新たな知恵との出会い」が，自覚を深めるのです。
　3．「よくあるパターン」と思われてしまい，生徒が興味を失っていませんか。
　　　「予想を超える事実」と印象的に出会うことによって自覚を増すのです。
　4．「すごいけど自分に関係ない」と，生徒自身から遠く思われていませんか。
　　　自分の人生をイメージできることは自覚そのものでしょう。
　印象深く心の中に落ちていく道徳授業ができれば，それはきっと「人生の礎となる記憶」へと昇華し，その生徒の人生に役立っていくことでしょう。これらの視点をベースにして，以下の章立てを行いました。
　　1章　「憧れる」美しい生き方に感化される
　　2章　「知る」この知恵に感銘を受ける
　　3章　「驚く」予想を超える事実がある
　　4章　「顧みる」私の生き方に直結する
　これらを活かす仕掛けをいかに限られた時間の授業の中に組むか。これら全てが満たされる授業がよいのですが，資料の性質，生徒の実態，50分という時間を考慮して，どこに力点を置いたかで実践を配置しています。
　掲載した35本の授業記録は，全て現場教師が自ら創りだした＜オリジナル道徳授業＞群です。4つの課題をどう乗り越えていったか。そのポイントを各実践の1ページ目に入れています。また，http://www3.yomogi.or.jp/nakap/totte9 にワークシートや，『中学校編とっておきの道徳授業』シリーズに掲載した授業実践の内容項目や準備物などの一覧をアップしていますので，どうぞご利用ください。
　さらに，昨今はプレゼンテーションソフトを活用しての道徳授業が多くなっていますので，本書の授業実践を例にしての活用例を巻末に掲載しました。プレゼンテーションソフト活用の際に参考になれば幸いです。
　たくさんの先生方に本書を手にとっていただき，日本全国で実践されることを心から願います。

2011年3月5日

編著者一同

目次

はじめに …3
この本の使い方（特長）…6

第1章　「憧れる」美しい生き方に感化される …7

第1章の＜授業のポイント＞ …8

1. 世紀の誤審　〜ガララーガ投手〜 …9
2. オードリー・ヘップバーンの生き方 …13
3. とてつもなく大きな可能性　〜塙保己一と辻井伸行〜 …17
4. 世界一の脇役　〜川相昌弘〜 …21
5. 才能よりも大切なこと　〜ジャズシンガー・綾戸智恵〜 …25
6. 最高のチーム …29
7. 夢が詰まった箱　〜ピアニスト・山崎理恵〜 …33

第2章　「知る」この知恵に感銘を受ける …37

第2章の＜授業のポイント＞ …38

1. ぼくのおねがい …39
2. 遺した気持ちは何か …43
3. ピーマンくさい …47
4. 裏の努力での成長 …51
5. 大岡裁き「三方一両損」…55
6. 生まれ出づる仕事 …59
7. ヒトの特長を考える …63
8. 時間銀行 …67
9. 自立型思考でいこう …71
10. 人に喜んでいただくということ …75

第3章　「驚く」予想を超える事実がある …79

第3章の＜授業のポイント＞ …80

1. 兄の形見,「僕が背負う」 …81
2. 失敗を許す優しさ …85
3. 「熊本サプライズ」 …89
4. 日本の技術の源 …93
5. 名言の正体 …97
6. 自分を変える一歩 …101
7. 桧原桜を守った人々 …105
8. 自分をアピールすること …109

第4章　「顧みる」私の生き方に直結する …113

第4章の＜授業のポイント＞ …114

1. トイレの神様 …115
2. 「生命の尊重」とは何か …119
3. 体験をつくろう！ …123
4. 女性科学者の生き方 …127
5. なぜ勉強するのですか …131
6. 夢に向けて …135
7. 動物の命を考える …139
8. 帝国ホテルに学ぶ「伝統と革新」 …143
9. あさみさんの生き方に学ぶ …147
10. 朝の町内清掃 …151

おわりに …155
「道徳の時間」にプレゼンテーション・ソフトを活用しよう …156

この本の使い方（特長）

- 授業の核となる視点を示しました。
- この授業で育てる生徒の実態と授業のもつ力を明示しています。
- 白く浮き出ているのが，実施可能な学年を示しています。学年は，一応の目安として考えてください。学級の実態に応じて，実施可能な実践がたくさんあります。
- この授業がなぜ生徒には必要なのか，この教材を開発したのはなぜか，授業の主張が簡潔に述べてあります。
- 資料の概要と，脳が活性化する授業づくりのポイントを「憧・知・驚・顧」のキーワードで示しました。

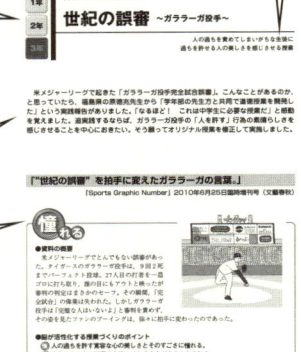

1ページ目

- 年間指導計画や重点項目を決める際に参考になります。
- 実際に授業を実施した学年です。
- 授業実施の準備の多さを，5段階で表しています。
- 指導案ではありません。授業の展開例でもありません。実際の授業の様子を追実践可能な形で記しました。「授業の事実で語る」本書の理念を具現化したページです。発問・指示・生徒の反応が具体的に書かれています。

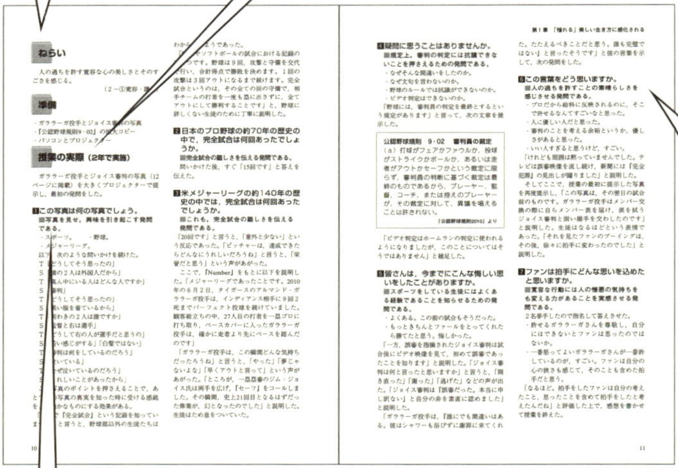

2ページ目　　3ページ目

- 発問の意図を明示しています。授業構成がわかり，追実践する時に役立ちます。

- ●生徒の感想を読むと，授業のイメージが，より具体化します。
- ●資料やプリントを掲載しています。
- 教材を開発し，授業を実践し，執筆しました！

4ページ目

第1章 「憧れる」
美しい生き方に感化される

中学生の頃，アントニオ猪木に憧れていた。
何度倒されても立ち上がり，ナックルパートで逆襲する。心が震えた。
「苦しくとも，私も負けない」そう思った。
すると，明くる日の長距離走大会で信じられない記録を打ち立てられた。
憧れる人の＜精神＞＜思考のシステム＞が自分の中に取り込まれたのである。
中学生の時期は人の影響を受けやすい。
本章で美しい生き方にたくさん触れさせ，望ましい美意識を育てたい。

1. 世紀の誤審　～ガララーガ投手～
2. オードリー・ヘップバーンの生き方
3. とてつもなく大きな可能性　～塙保己一と辻井伸行～
4. 世界一の脇役　～川相昌弘～
5. 才能よりも大切なこと　～ジャズシンガー・綾戸智恵～
6. 最高のチーム
7. 夢が詰まった箱　～ピアニスト・山崎理恵～

第1章

「憧れる」
美しい生き方に感化される

＜授業のポイント＞

「世紀の誤審〜ガララーガ投手〜」メジャーリーガーの，審判の過ちを許す寛容な心，その美しさとすごさに憧れる。

「オードリー・ヘップバーンの生き方」人のために尽くす人生に憧れる。

「とてつもなく大きな可能性〜塙保己一と辻井伸行〜」一心に努力を続けて輝く人生に憧れる。

「世界一の脇役〜川相昌弘〜」元プロ野球選手の，チームのために自分の役割を果たしていく生き方に憧れる。

「才能よりも大切なこと〜ジャズシンガー・綾戸智恵〜」自ら道を拓き，たくさんの経験を積んだ溢れる魅力に憧れる。

「最高のチーム」甲子園春夏連覇を果たした興南高校野球部の，まとまりができていったチームの姿に憧れる。

「夢が詰まった箱〜ピアニスト・山崎理恵〜」人のために尽くす，自分も伸びる，その両方を大切にできる生き方に憧れる。

ここであげた人間の生き様にきっと生徒は憧れを抱き，自分の生き方をそれに近づけてみたいと自然に思うであろう。

第1章 「憧れる」美しい生き方に感化される

1年
2年
3年

許すことって美しい

世紀の誤審 ～ガララーガ投手～

人の過ちを責めてしまいがちな生徒に
過ちを許せる人の美しさを感じさせる授業

　米メジャーリーグで起きた「ガララーガ投手完全試合誤審」。こんなことがあるのか，と思っていたら，福島県の原徳兆先生から「学年部の先生方と共同で道徳授業を開発した」という実践報告がありました。「なるほど！　これは中学生に必要な授業だ」と感動を覚えました。追実践するならば，ガララーガ投手の「人を許す」行為の素晴らしさを感じさせることを中心におきたい。そう願ってオリジナル授業を修正して実施しました。

「"世紀の誤審"を拍手に変えたガララーガの言葉。」
『Sports Graphic Number』2010年6月25日臨時増刊号（文藝春秋）

●資料の概要
　米メジャーリーグでとんでもない誤審があった。タイガースのガララーガ投手は，9回2死までパーフェクト投球。27人目の打者を一塁ゴロに打ち取り，誰の目にもアウトと映ったが審判の判定はまさかのセーフ。その瞬間，「完全試合」の偉業は失われた。しかしガララーガ投手は「完璧な人はいないよ」と審判を責めず，その姿を見たファンのブーイングは，徐々に拍手に変わったのであった。

●脳が活性化する授業づくりのポイント
- 憧 人の過ちを許す寛容な心の美しさとそのすごさに憧れる。
- 知 寛容な心は人の憎悪をも消してしまう力があることを知る。
- 驚 誤審の審判に自らメンバー表を届けるガララーガ投手の行為に驚く。
- 顧 寛容な心が自分にあったか顧みる。

授業準備度 ★★★☆☆

ねらい

人の過ちを許す寛容な心の美しさとそのすごさを感じる。

（2－⑤寛容・謙虚）

準備

・ガララーガ投手とジョイス審判の写真
・「公認野球規則　9・02」の拡大コピー
・パソコンとプロジェクター

授業の実際（2年で実施）

ガララーガ投手とジョイス審判の写真（12ページに掲載）を大きくプロジェクターで提示し，最初の発問をした。

❶この写真は何の写真でしょう。

■写真を見せ，興味を引き起こす発問である。

・スポーツ。　　・野球。
・メジャーリーグ。

以下，次のような問いかけを続けた。
T「どうしてそう思ったの」
S「横の2人は外国人だから」
T「真ん中にいる人はどんな人ですか」
S「審判」
T「どうしてそう思ったの」
S「黒い服を着ているから」
T「両わきの2人は誰ですか」
S「監督と右は選手」
T「どうして右の人が選手だと思うの」
S「若い感じがする」「白髪ではない」
T「審判は何をしているのだろう」
S「泣いている」
T「なぜ泣いているのだろう」
S「うれしいことがあったから」

この写真のポイントを押さえることで，後でこの写真の真実を知った時に受ける感銘をより確かなものにする効果がある。

「野球で『完全試合』という記録を知っていますか」と言うと，野球部以外の生徒たちはわからないようであった。

「野球やソフトボールの試合における記録のひとつです。野球は9回，攻撃と守備を交代で行い，合計得点で勝敗を決めます。1回の攻撃は3回アウトになるまで続けます。完全試合というのは，その全ての回の守備で，相手チームの打者を一度も塁に出さずに，27人全てアウトにして勝利することです」と，野球に詳しくない生徒のために丁寧に説明した。

❷日本のプロ野球の約70年の歴史の中で，完全試合は何回あったでしょうか。

■完全試合の難しさを伝える発問である。

問いかけた後，すぐ「15回です」と答えを伝えた。

❸米メジャーリーグの約140年の歴史の中では，完全試合は何回あったでしょうか。

■これも，完全試合の難しさを伝える発問である。

「20回です」と言うと，「意外と少ない」という反応であった。「ピッチャーは，達成できたらどんなにうれしいだろうね」と言うと，「栄誉だと思う」という声があがった。

ここで，『Number』をもとに以下を説明した。「メジャーリーグであったことです。2010年の6月2日，タイガースのアルマンド・ガララーガ投手は，インディアンス相手に9回2死までパーフェクト投球を続けていました。観客総立ちの中，27人目の打者を一塁ゴロに打ち取り，ベースカバーに入ったガララーガ投手は，確かに走者より先にベースを踏んだのです」

「ガララーガ投手は，この瞬間どんな気持ちだったろうね」と言うと，「やった」「夢じゃないよな」「早くアウトと言って」という声があがった。「ところが，一塁塁審のジム・ジョイス氏は両手を広げ，『セーフ』をコールしました。その瞬間，史上21回目となるはずだった偉業が，幻となったのでした」と説明した。生徒はため息をついていた。

第1章 「憧れる」美しい生き方に感化される

4 疑問に思うことはありませんか。
■規定上，審判の判定には抗議できないことを押さえるための発問である。
・なぜそんな間違いをしたのか。
・なぜ文句を言わないのか。
・野球のルールでは抗議ができないのか。
・ビデオ判定はできないのか。

「野球には，審判員の判定を最終とするという規定があります」と言って，次の文章を提示した。

公認野球規則　9・02　審判員の裁定
（a）打球がフェアかファウルか，投球がストライクかボールか，あるいは走者がアウトかセーフかという裁定に限らず，審判員の判断に基づく裁定は最終のものであるから，プレーヤー，監督，コーチ，または控えのプレーヤーが，その裁定に対して，異議を唱えることは許されない。
『公認野球規則2010』より

「ビデオ判定はホームランの判定に使われるようになりましたが，このことについてはそうではありません」と補足した。

5 皆さんは，今までにこんな悔しい思いをしたことがありますか。
■スポーツをしている生徒にはよくある経験であることを知らせるための発問である。
・よくある。この前の試合もそうだった。
・もっときちんとファールをとってくれたら勝てたと思う。悔しかった。

「一方，誤審を指摘されたジョイス審判は試合後にビデオ映像を見て，初めて誤審であったことを知ります」と説明した。「ジョイス審判は何と言ったと思いますか」と言うと，「開き直った」「謝った」「逃げた」などの声が出た。「ジョイス審判は『誤審だった。本当に申し訳ない』と自分の非を素直に認めました」と説明した。

「ガララーガ投手は，『誰にでも間違いはある。彼はシャワーも浴びずに謝罪に来てくれた。たたえるべきことだと思う。誰も完璧ではない』と言ったそうです」と彼の言葉を示して，次の発問をした。

6 この言葉をどう思いますか。
■人の過ちを許すことの素晴らしさを感じさせる発問である。
・プロだから給料に反映されるのに，そこで許せるなんてすごいなと思った。
・人に優しい人だと思った。
・審判のことを考える余裕というか，優しさがあると思った。
・いい人すぎると思うけど，すごい。

「けれども周囲は黙っていませんでした。テレビは誤審映像を流し続け，新聞には『完全犯罪』の見出しが躍りました」と説明した。

そしてここで，授業の最初に提示した写真を再度提示し，「この写真は，その翌日の試合前のものです。ガララーガ投手はメンバー交換の際に自らメンバー表を届け，涙を拭うジョイス審判と固い握手を交わしたのです」と説明した。生徒はなるほどという表情であった。「それを見たファンのブーイングは，その後，徐々に拍手に変わったのでした」と説明した。

7 ファンは拍手にどんな思いを込めたと思いますか。
■寛容な行動には人の憎悪の気持ちをも変える力があることを実感させる発問である。
2名挙手したので指名して答えさせた。
・許せるガララーガさんを尊敬し，自分にはできないとファンは思ったのではないか。
・一番怒ってよいガララーガさんが一番許しているのが，すごい。ファンは自分の心の狭さも感じて，そのことも含めた拍手だと思う。

「なるほど。拍手をしたファンは自分の考えたこと，思ったことを含めて拍手をしたと考えたんだね」と評価した上で，感想を書かせて授業を終えた。

資料

●誤審の審判，涙

涙をぬぐうジョイス審判（中央）。右はガララーガ投手（写真 AP／アフロ）

授業実践を終えて

■生徒の感想

- プロの選手なのだから，結果はとても大切なことだと思います。それでも相手を許したガララーガ投手はすごいと思いました。僕だったらずっと文句を言い続けていると思います。でもそれは少しかっこ悪いかなと思いました。
- ガララーガ投手は，仲間やファンの人，テレビ局の人など全てが完全試合の記録達成を認めているので，それで満足して許す気持ちが出たのだと思いました。また，ジョイス審判員が心から謝ってきているのでそれも許す要因になったと思いました。
- 「誰にでも間違いはある」というガララーガ投手が，さらに直接メンバー表を持ってくることは，とても素晴らしい行為だと思いました。人を許すこと，そしてその許し方は人を感動させる力があることに気づきました。

［参考文献・資料］
- 『公認野球規則2010』日本プロフェッショナル野球組織，日本野球連盟，日本学生野球協会，全日本大学野球連盟，日本高等学校野球連盟，全日本軟式野球連盟・編（ベースボール・マガジン社）
- 「ガララーガ9回2死誤審で完全試合アウト」nikkansports.comより
http://219.122.3.3/baseball/mlb/news/p-bb-tp2-20100604-637559.html

（オリジナル：福島県田村市立船引中学校3年部／修正実施：熊本県　桃﨑剛寿）

第1章 「憧れる」美しい生き方に感化される

| 1年 |
| 2年 |
| 3年 |

他者を助けて生きる
オードリー・ヘップバーンの生き方

狭い視野の中で生き方を考えている生徒に
世界的な視野の広さ，人生の長さの中で生き方を考えさせる授業

　女優オードリー・ヘップバーンがソマリアのやせ細った子どもを抱えたユニセフの広告写真に衝撃を受けました。1人の女性の人生をかけた迫力が，そこにありました。映画『ローマの休日』でのかわいらしい印象とのギャップが，いっそうその強さを際立たせたのかもしれません。
　オードリーはソマリアで何を見て，何を訴えたかったのだろうということを問いかけたくて，この授業を創りました。

オードリー・ヘップバーンとアンネ・フランク

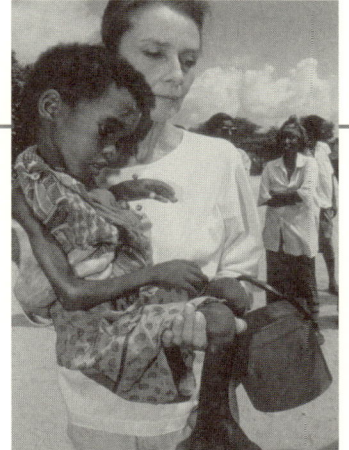
（写真　Rex Features／アフロ）

●資料の概要
　説明の多い授業になった。授業で説明した事柄は，おもに次の2点の資料を参考にした。
・『女優　オードリー・ヘップバーン』古屋美登里
　（理論社）
・「オードリーの言葉」日本ユニセフ協会ホームページ
　URL：http://www.unicef.or.jp/special/
また，展開の中でアンネ・フランクの人生も取り上げた。オードリーとアンネには直接の接点はないが，オードリーの晩年の生き方には，アンネの意志が働いているようだ。そう考えながら資料選びをした。

●脳が活性化する授業づくりのポイント
　憧　人のために尽くす人生に憧れる。
　知　戦争に対するオードリーとアンネの生き方に密接な関連があることを知る。
　驚　オードリーの人生にアンネの人生が与えた影響に驚く。
　顧　自分には人に尽くす機会があるのか，それを大切にしているのかを顧みる。

授業準備度　★★★★☆

13

ねらい

オードリー・ヘップバーンの生き方から，社会に貢献することの意義や気高さに気づかせる。　　　　　　（4−⑤勤労・社会奉仕）

準備

- 写真① 『ローマの休日』のオードリー・ヘップバーン，写真② アンネ・フランク
- 『ローマの休日』のDVD
- オードリーが訪れた国の写真
- 資料1，3　生徒数分
- 資料2，4，5
- パソコンとプロジェクター

授業の実際（3年で実施）

1929年

最初に「1929年」と板書した。
「この年，ヨーロッパで2人の女の子が誕生しました」と言って，写真①②を黒板に貼る。

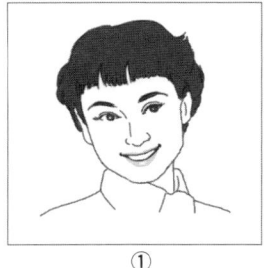 

①　　　　　　　②

「誰だかわかりますか」と問うた。
「どちらも見たことがある」「②の方を教科書で見た」などの反応の中，②はアンネ・フランクだと気づく生徒がいた。
「①の女性は，オードリー・ヘップバーンという女優さんです。この写真は，1953年に世界的に大ヒットした『ローマの休日』という映画のワンカットです」と説明し，DVDのパッケージを見せた。「この映画で，彼女はアカデミー賞を受賞しました。その後も『ティファニーで朝食を』『マイ・フェア・レディ』などに主演。アカデミー賞，トニー賞，エミー賞，グラミー賞という大きな賞を全て獲得しました。日本での人気は今でも大変なもので，7年前の『タレント・キャラクターイメージ調査』（日経リサーチ2004）でも，好感度ランキング1位に選ばれました。だから亡くなった今でもCMキャラクターとして登場するのです」と説明した。

続いて，「②の女性は『アンネの日記』で有名なアンネ・フランクです」と説明した後，アンネや『アンネの日記』について知っていることを発表させた。

ユダヤ人であること（正しくはユダヤ系ドイツ人），ナチスから逃げていたこと，屋根裏部屋に隠れていたことなどが出された。ナチスのユダヤ人迫害について，歴史の授業を思い出させながら説明したが，ここでは省略する。
「ユダヤ人であるアンネの一家は，オランダの隠れ家で息を潜めて生活していましたが，アンネはその後収容所に入れられ，そこでチフスにかかり15歳で亡くなりました。オードリーの一家は，ユダヤ人ではありませんが，ナチスのオランダ占領に抵抗する立場（レジスタンス）だったため，アンネと同じようにオランダの隠れ家でひもじい生活を経験しました」と説明した後に，資料1（16ページに掲載）を配付し，範読した。

■1 オードリーとアンネの共通点は何ですか。

■誕生から思春期までの境遇が似ていることを認識させるための発問である。この■1と以下の■2があって，その後の2人の人生の違いが明確になる。
- 1929年生まれ。
- ナチスから隠れて生活。
- 不自由な生活や食糧不足。

資料や説明にはないが，2人とも，もとは裕福な家庭に生まれたこと，身に危険が迫るまでは，それぞれに夢をもって前向きに生きていたことを付け加えた。

■2 オードリーとアンネの違いはどこにありますか。

第1章 「憧れる」美しい生き方に感化される

■運命の違いを感じ取らせるための発問である。
・アンネの人生は15歳で終わった。
・オードリーは映画スターになった。

「1957年，オードリー28歳の時，『アンネの日記』を映画化するので出演してほしいという依頼が届きました」

❸ オードリーは，映画『アンネの日記』に出演したでしょうか。理由も考えましょう。

■スターになっても，小さい頃の心の傷が癒えていないことを認識させるための発問である。
・出演した。（同じような経験をしていて気持ちがよくわかるから）
・出演しなかった。（苦しかった頃を思い出したくないから）

「出演しませんでした。後に，オードリーは次のように語っています」と説明し，次の資料2を読み上げた。

【資料2】
　アンネと私は，同じ年に生まれ，同じ国に住み，同じ戦争を体験しました。ちがっていたのは，アンネは家のなかに閉じこもり，私は外にいた，という点だけです。まるで自分の体験をアンネの視点から読んでいるような気がしてなりませんでした。この本を読んで，胸が引き裂かれる思いがしました。私が経験したすべての出来事が，この少女の言葉で，信じられないほど正確に描かれているのです。
『女優　オードリー・ヘップバーン』p.46より

「1988年，オードリーはユニセフの特別親善大使を務めることになりました」と言って，資料3（16ページに掲載）を配付し，範読した。そして，オードリーが訪れた国々の写真を提示した。写真は日本ユニセフ協会のホームページなどの写真を使用した。
「オードリーは，子ども時代の苦しい思い出を乗り越え，親善大使の仕事に生き甲斐を見いだしたのですね。1990年，『アンネの日記』をオードリーが朗読し，それに作曲家がオリジナルの曲をつけ演奏するというコンサートを各地で行いました。オードリーは，『アンネの日記』を通して，生きる尊厳とは何かと，世界中の人々に問いかけました。1992年9月，63歳のオードリーはソマリアを訪れました。この時，オードリーの体は癌に冒されていました」と説明し，資料4『オードリーの言葉』を提示した。

【資料4】
　40万人のソマリア人がキャンプにいます。戦火と飢えを逃れて。それは，本当の地獄です。なぜって，そこにはあまりにも助けが少ないからです。
　雨が降り始めました。（中略）2晩前，食糧配給センターでは60人が亡くなりました。雨のせいで，昨夜，その数は100人を超えてしまいました。寒さと雨の中では，人びとは本当にか弱いものなのです。
日本ユニセフ協会ホームページ「オードリーの言葉」より

「1993年1月20日，オードリーは亡くなりました。最後に，オードリーが好きだった『時の試練をへた人生の知恵』という，アメリカの詩人サム・レヴェンソンが書いた詩の一節を紹介します」と言い，資料5を提示した。

【資料5】
……助けてくれる手が必要なとき，
自分の腕の先にその手があることを思い出して。
年をとると，人は自分に2つの手があることに気づきます。
1つの手は自分自身を助けるため，
もう1つの手は他者を助けるために。

感想を書かせて授業を終えた。
「オードリーは，アンネと一緒にユニセフの活動をしたのではないか」という感想もあった。

●資料1

　14歳になったオードリーは食べ盛りでした。ところが，食料はますます手に入らなくなっていました。

　今日は，水っぽいスープとグリンピースでつくったまずいパンも食卓にはありません。エンダイブという野菜の葉っぱだけです。

　口に入るものがあるだけ幸せだわ——とオードリーは思いました。（中略）

　昼間はなるべく動かないようにして空腹と戦い，我慢ができなくなったら水をごくごくと飲みました。水を飲むとほんの少しだけ，気分がよくなるのです。

　エラ※は野原に行ってイラクサやタンポポの葉，チューリップの球根を取ってきてはスープをつくったり，粉にしたり，食べられるように手をほどこして食卓に出しました。

『女優　オードリー・ヘップバーン』p.51・52より

「栄養失調で死ぬか，寒さで死ぬか，どっちが先かしら」

　オードリーは冗談で言ったつもりでしたが，ちっとも冗談に聞こえませんでした。オードリーは，多くの人たちと同じように，未来のことを考えることができなくなっていました。明日をどうやって生き抜くか，そのことしか考えられなかったのです。

前掲書p.40より

※エラはオードリーの母親　授業者注

●資料3

　1988年，エチオピアはエリトリアの独立をめぐる内戦と，干ばつと飢えに苦しんでいました。子どもたちの4人にひとりは，5歳にならないうちに亡くなってしまいます。運良く生きのびた子どもたちも栄養失調にかかり，ビタミンA不足で視力を失っている子も多かったのです。難民センターには伝染病が広がり，子どもたちがつぎつぎと死んでいきました。

　食糧も薬品もありません。救援物資が届けられても，難民センターにまで無事につく保証がないのです。

　（中略）オードリーは，この世界の悲惨さに言葉をなくしていました。

　そこにいるのは，演じることで悩んでいる女優ではありません。ひとりの母親として，そしてかつて第2次世界大戦中に飢えに苦しみ，戦後，ユニセフの前身「アンラ」の救援物資で生きのびた経験をもつ女性として，エチオピアの渇いた大地に立ったのです。

「私がここにきたのは，この悲惨な状況を世界中の人々に知らせるためなのよ。そして，多くの人々の目を，この状況のなかで生きて行かざるをえない子どもたちに注がせるため。そのためなら，どんな宣伝塔にもなるし，キャンペーンにも出る。そう決めたのよ。女優であることがその宣伝に有利に働くのなら，それをとことん利用して，すべての人々の関心をひきつけてみせる」

　子どもたちの絶望ににじんだ目を見つめ，あかだらけの体に手をさしのべながら，オードリーは，この子たちが，この世に生まれたことを恨まないでほしいと願いました。生きていることの素晴らしさを少しだけでも味わってほしい。

前掲書p.182〜184より

（和歌山県　御前充司）

第1章 「憧れる」美しい生き方に感化される

|1年|
|2年|
|3年|

人のもつ力を信じる
とてつもなく大きな可能性
~ 塙保己一 と 辻井伸行 ~

地道に努力する前にあきらめてしまう生徒に
粘り強くやれば成し遂げられるのではないかと思わせる授業

　中学生ともなると，学年があがるにつれて考え方が現実的になり，それが消極的な生き方につながってしまうことがあります。「自分の力はこんなものだ」「どうせ努力してもたいした未来が開けるはずがない」というふうに，努力する前にあきらめた考え方をしてしまう生徒は少なくありません。そんな生徒たちに「人間には，自分には，計り知れない力がある」という希望をもたせたいと考えてこの授業を創りました。

塙保己一 と 辻井伸行

- ●資料の概要
　本授業では目が不自由な2人の人物の偉業を取り上げている。しかし，「ハンディキャップがあるのに一生懸命に生きている」ことを伝える授業ではない。取り上げた2人もそのようなつもりは全くないはずである。伝えたいのは，「ひたむきに道を究めようとする姿」だ。2人同時に扱ったのは，時間も分野も超えた普遍性を加味しようと考えたためである。

- ●脳が活性化する授業づくりのポイント
  - 憧　ひたむきに道を究めようとする輝く人生に憧れる。
  - 知　一心に努力を続けることで，人は想像を超えた仕事を成し遂げられることを知る。
  - 驚　ハンディキャップを乗り越えた2人の偉業に驚く。
  - 顧　自分がやってきた努力についてその質や量を顧みる。

授業準備度 ★★★★☆

ねらい

人は，一心に努力を続けることで，想像を超える仕事を成し遂げられるということを伝え，希望をもたせる。

（1－②希望・強い意志）

準備

・資料1, 2, 3　生徒数分
・ワークシート　生徒数分
・塙保己一の肖像画と辻井伸行さんの写真
・辻井さんのピアノ曲のCDとCDプレーヤー

授業の実際（2年で実施）

読書が好きな人を挙手で確かめた後，ワークシートを配付し，次の発問をした。

■1 本を読むためには何が必要ですか。必要なことをワークシートに3つ書きましょう。

■気軽に授業に入るための発問・指示である。発表させ板書したことが後で生きてくる。

お金，本屋さん，時間，努力，目などの意見が出た。「目」と言う発言に「当たり前なこと」という意味での笑い声が聞こえた。

続いて，楽器を演奏するのが好きな人を挙手で確かめた後，次の発問を行った。

■2 楽器を誰よりも上手に演奏するためにはどんなことが必要ですか。必要なことをワークシートに3つ書きましょう。

■これも気軽に授業に入るための発問・指示であり，発表させ板書したことが後で生きてくる。

練習時間，根性，器用な手，目標，センスなどの意見が出た。

「今日は2人の人物を取り上げて勉強します。1人目は書物がとても好きな人です」と言って，『塙保己一　1746～1821年』と板書する。

資料1「塙保己一の年譜」（20ページに掲載）を配付した。年譜の中で，670冊にもおよぶ『群書類従』をまとめ上げた人であることを知らせ，さらに下の資料2を配って補足説明をした。

【資料2】

私たちがインターネットを使っていろいろなことを調べられるように，この本のおかげで，日本中に散らばっている古い書物のことを調べることができるようになったのです。

それまでは，貴重な書物は大名や公家など一部の限られた人がもっていて，一般の人々が見ることはあまりありませんでした。

また，当時の書物は，書き写して伝えられたものだったため，本によって内容が異なったり，一部が欠けていることがありました。塙保己一はこれらの違いを丁寧に修正してまとめました。

「学問をしたい人は誰でも，いつでも，どこでも必要な書物が読めるようにしてあげたい」という願いからでした。

全国に散らばっていた多くの古い記録や史料を集めて，分類・整理を行いました。完成まで41年間かかりました。

塙保己一がまとめ上げた『群書類従』のおかげで人々は古い時代の日本人の考え方を知ることができ，「国学」という学問が発達したのです。

（資料をもとに授業者が作成）

「さて，ここでクイズです」と言って雰囲気を変える。授業中の集中のためにはこのような緩急が必要である。

「『群書類従』は版木に彫ってつくったのですが，その際，縦・横の文字数を決めました。これは，私たちの身近な物の元になっています。それは何でしょう」。すぐに発言が出なかったので，「答えは，原稿用紙です」と説明した。

続いて，「2人目に紹介するのは，辻井伸行という人です」と言い，「辻井伸行」と板書す

第1章 「憧れる」美しい生き方に感化される

る。「辻井さんは，2009年にアメリカ，テキサス州で行われた第13回ヴァン・クライバーン国際ピアノコンクールで金賞を取りました。世界でももっとも権威あるピアノコンクールの1つです。日本人として40年ぶりのファイナリスト，そして初の金賞です」と説明する。

「2人ともすごい目標を達成しました」と言った後，導入で板書した「必要なこと」の中で「努力」「目標」などの言葉を丸く囲みながら「努力，目標，根性，どれも必要ですね。でも……」と言って，次の発問をした。

■**3** 2人には共通したハンディキャップがあります。それは何でしょう。

■**1 2**で出された，「努力」「目標」「根性」といった使い慣れた言葉が，ただ事でないことを想起させるための発問である。

年表の中に「失明」「按摩」「鍼」とあるので，すぐに「視力」という正解が出た。出なくても時間をかけてよいだろう。

「そうです。目が不自由なことです。保己一は7歳の時から，辻井さんは生まれた時から目が見えません」と説明した。

■**4** ここまででどんな感想をもちましたか。思ったこと，感じたことをワークシートに書きましょう。

■道を究めるために頑張ったことを確認する発問・指示である。

「目が不自由なのにすごい」「どれほどの努力が必要だったのだろうなあ」などの意見が出た。「よく頑張った」という当たり前の認識をしてそれを書く生徒が多い。ここはそれでよい。

ここで辻井さんのCDの中で比較的静かな曲をかけ，辻井さんと塙保己一の写真や肖像画を黒板に貼る。そして，次の資料3を配付してゆっくり読んだ。

【資料3】
当初は，「盲目のすばらしい日本人ピアニストがいる」という認識だったかもしれない。しかしそれは次第に人々の間で彼の目が見えないことは関係なしに，卓越したひとりのアーティストが，胸を打つ美しい音とともに，特別な力を持つ演奏を繰り広げているという認識に変わっていった。

余計なものがすべて削ぎ落とされたピュアな音だからこそ，心にすっと染みこんでくる。抑揚の波が心地よく，寄り添ってくれるようなピアノだ。

眼を閉じて音楽に没頭する人，涙を拭いながら聴く人，隣の恋人の肩に体をあずけながらうっとりと聴きいる人。辻井さんのピアノがホールに響く間，客席を埋めた人々は，想い想いの方法で，その音楽の放つ光とエネルギーを享受しているようだった。

『月刊ショパン7月特別増刊号 辻井伸行 金メダルへの軌跡』p.9より

以下は，**4**の生徒の反応に対する説明である。

「2人の仕事は，簡単にできることではありません。が，『目が不自由なのに……』という意識はないのではないでしょうか。実際，辻井さんはヴァン・クライバーン国際ピアノコンクールで金賞を取った後のインタビューで『僕は全盲というハンディを抱えていますが，それは関係なく，1人のピアニストとして演奏を聴いてほしいといつも思っています』と言っています。人間は，誰でもとてつもなく大きな可能性をもっているのではないかと思います。なのに，私たちはまわりが見えすぎて，そして，つい他人と自分を比較して，自分は勉強が苦手だから○○はできないとか，運動が苦手だから○○をあきらめる，といった弱気な考え方をしてしまいます。しかし，私たちは誰でも，一心に努力し，何年も何十年も時間をかけたら，大きなことをやり遂げるすごい可能性をもっているのではないでしょうか。皆さんはどう思いますか？」と語った。

授業の感想を最後に書かせた。その間，辻井さんのCDを控えめに流した。

19

資料

● 資料1　塙保己一の年譜　　　　　　　　　　　　　　※年齢は数え年で表記

1746年　5月5日，武蔵国児玉郡保木野村（今の埼玉県本庄市児玉町保木野）に生まれる。名は寅之助。
1752年　病気のため，7歳で失明する。辰之助と改名する。
1757年　12歳のとき，母・きよ死去。
1760年　江戸へ出て雨富須賀一検校の門人となる。千弥と改名。按摩，鍼，琴や三味線などの修業を始める。
1761年　生来の不器用からなかなか上達せず，自殺を図ろうとするが直前で助けられる。学問への想いを雨富検校に告げたところ，「3年たっても見込みがなければ，故郷へ帰す」という条件つきで認められる。
1766年　身体の弱い保己一を心配した雨富検校のすすめで，父・宇平衛と共に2ヵ月間の関西旅行をする。この旅行中，京都の北野天満宮に詣で，学問の神様・菅原道真を守護神と心に決める。
1769年　24歳で国学者・賀茂真淵の門人となる。
1775年　30歳のとき，雨富検校の苗字・塙姓をもらい，名を保己一と改める。
1779年　34歳のとき，『群書類従』の出版を決意する。天満宮に祈願し，以後1000日のあいだ，毎日「般若心経」100巻を読誦する（声に出して読み上げる）。
1793年　水戸藩による『大日本史』の校正に携わる。
1795年　2月に父・宇平衛死去。この年，完成した『群書類従』43冊を幕府に献上。ほうびとして白銀10枚を受け取る。
1819年　74歳のとき，『群書類従』全670冊（現在は666冊）が完成。出版を決意してから，40年以上の年月が経っていた。『続群書類従』1885冊も編纂したが，生前には版ができあがらず出版されなかった。
1821年　9月12日に逝去。享年76歳。

授業実践を終えて

■生徒の感想

・2人とも目が不自由ではあるけれど，別のものすごい才能があったのだと思う。でも，才能があっても努力をしないとこんなすごい仕事はできません。本を読むことも，ピアノを弾くことも「視力」が必要です。私たちには想像もできないぐらい努力したのだと思う。
・人間の力は想像以上のものだと思った。私たちは何でも少しやってだめだったらあきらめてしまうけど，10年，20年どころかもっと長くあきらめずに続けると大きなことを成し遂げることができるんじゃないかなと思った。
・2人とも，まわりの人たちに恵まれていたんだなと思った。これも才能なんじゃないかな。僕たちにも何かのチャンスがある。見逃さないようにしたい。

(和歌山県　御前充司)

第1章 「憧れる」美しい生き方に感化される

|1年|
|2年|
|3年|

自分の役割を果たすことの大切さ

世界一の脇役 〜川相昌弘（かわいまさひろ）〜

集団の中での役割を果たすことを軽視している生徒に
貢献することの美しさを感じ取らせる授業

　「送りバント」の世界記録保持者である元プロ野球選手・川相昌弘さんは，華やかなスター選手が揃う読売ジャイアンツの中で，地味な役割「送りバント」と「守備力」を自分の生きる道と決め，レギュラーを勝ち取るために必死に努力してきました。そんな川相さんの生き方から，自分の役割に責任をもってやり抜くことの大切さ，さらに集団に貢献し信頼されることの美しさを感じ取らせ，自分がクラスにどう貢献できるかを考えさせたい，そう願って創った授業です。

『明日への送りバント──一つ一つの積み重ねが人生の宝物になる──』

川相昌弘（KKロングセラーズ）

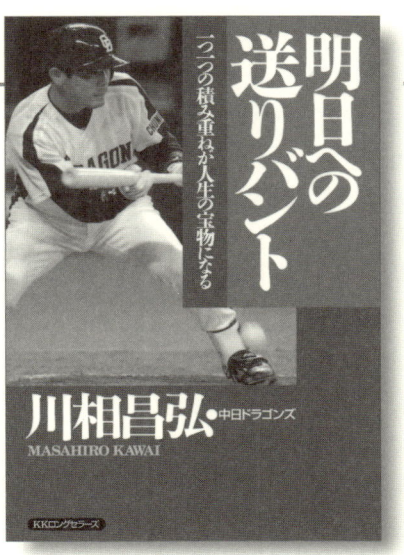

●資料の概要
　元プロ野球選手の川相昌弘さんは，現役時代，スター選手の揃う読売ジャイアンツの中で，当初なかなかレギュラーを獲得することができず，苦労していた。体格も大きくなく，非力であったため，主軸で打つ力がなく悩む。その中で，自分の生きる道を「守備」と「2番バッターとして，チームの得点につなぐための送りバントの成功率を上げること」と決め，努力を積み重ねた。そんな川相さんのエピソードを取り上げる。

●脳が活性化する授業づくりのポイント
- 憧 責任をもって役割を果たしていく生き方に憧れる。
- 知 集団の中でそれぞれの役割を果たす意義を知る。
- 驚 役割をきちんと果たしていても，それが認められないことに悩むことに驚く。
- 顧 目立たない役割でも輝くような努力ができていたか顧みる。

授業準備度 ★★★☆☆

ねらい

集団の中で自分の役割や責任を果たすことが集団と自分の力になることを理解する。
（4－④集団の意義，集団生活の向上）

準備

・川相昌弘さん，イチロー選手，王貞治さんの写真
・川相さんのプロフィール　生徒数分
・川相さんのコメントを載せた資料

授業の実際（2年で実施）

1　好きなスポーツ選手はいますか。また，その理由は何ですか。
■好きな選手は比較的目立つ選手が多いことに気づかせるための予備発問である。

「サッカーの香川選手」「バレーボールの木村選手」「巨人の坂本選手」「サッカーのマルシオ選手」など自分のやっているスポーツに関係する選手の名前が多くあがった。

2　スポーツ界では，注目される選手と目立たない選手がいます。何が違うのでしょう。
■派手な選手が注目される中で，地味ではあるがチームに貢献している選手の存在に気づかせるための発問である。
・カッコよさ。　・プレーの派手さ。
・攻めと守り。　・テレビや新聞に出るか。
「皆さんはどちらのタイプの選手が好きですか」というと，「目立つのは苦手」という生徒もいて，半分ずつという感じであった。

3　日本の野球選手でバッティングに関して世界記録をもっている人は，何人いると思いますか。
■川相選手の功績がいかに偉大なことであるかを実感させるための発問である。
列指名で3名に答えさせた。

・3人。　・5人。　・15人。
「実は3人います。1人目はヒットの数です。年間262本のヒットを打った選手がいます。そう，イチロー選手です。2人目はホームランの数です。通算868本を打った王貞治さんです」と続けて説明し，写真を見せた。

4　もう1つの世界記録は誰でしょう。
■バントの意味を知らせ，資料へと導く発問である。

「連続試合フルイニング出場の金本選手の記録も世界一ですが，試合に関する記録ですね」と言ってから「犠打，つまりバントの本数で，川相昌弘さんの記録です」と答えを伝えた。多くの生徒がバントを知らなかったので，簡単に説明し，野球部の生徒に見本をさせた。
「533本の記録でギネスブックにも載っています」と説明し，川相さんの写真を提示した。
「川相昌弘さんです。元読売ジャイアンツの選手です」と告げ，川相さんのプロフィール（24ページに掲載）を配付し，説明をした。世界記録保持者であるにもかかわらず，知っている生徒はあまりいなかった。「野球界ではとても有名な選手だけど，バントの役割が地味で，あまり川相さんのことを知らないようですね」と補足して，次の発問をした。

5　川相さんはなぜバントのような目立たない役割に徹しようと思ったのでしょうか。
■自分の適性や特長を生かして集団の中で貢献する大切さを理解させる発問である。
・レギュラーになるため。
・チームが勝てるようにするため。
・プロだから生活がかかっている。
意見に対して，川相さんの著書『明日への送りバント』より，次のコメントを紹介した。

ライバルたちに負けたくない！
そのためには2人より劣っている部分を埋める努力ではなく，勝てるところを探してみました。ライバルが持っていないものでアピールしていこうと

第1章 「憧れる」美しい生き方に感化される

思ったのです。
　　　　　　『明日への送りバント』p.86より

「2人とは，チーム内のライバルのことですね。発表の中にあった『レギュラーになるため』などは近いですね」と，生徒の発表に対して整理をした。続けて次の資料を提示した。

> 私に勝ち目があるとすれば，元気と，一番の特長である守備と，それと2番バッターとして必要な技術や精神的な部分なのではないか，そう思いました。
> 　　　　　　　　前掲書p.86より

続けて，野球部の生徒に「2番バッターとしての精神的な部分」について説明させた。すると「チームの勝利を最優先にする」という意見が出た。そこで次の資料を提示した。

> そして技術だけでなく，2番バッターとしての心を持つことも重要です。
> 　心とは，つなぎの精神と自己犠牲の役割に徹するとでもいえばいいのでしょうか。
> 　　　　　　　　前掲書p.87より

「チームを最優先に考えるという意見は，『自己犠牲』『つなぎ』と関連が大いにありそうです」と生徒の発表を評価した。「川相さんは自分の長所を生かすことを選んだのですね。目立たない役割でも，結果的にチームのためになれば……と信じたのですね」と付け加えた。
　続いて川相さんの苦労について取り上げた。「川相さんがレギュラーに定着するまでには何年もかかりました。時には彼のプレーに対しファンのヤジや評論家の心ない評価があり，彼の信念が揺らぎそうな時があったそうです」と説明した上で，次の発問を行った。

6 評論家やファンの声に負けず自分のやり方を続けられたのはなぜでしょう。
■川相さんのチーム内での役割の重要性に気づかせるための発問である。
・チームのためという気持ちが強かった。
・それしか生き残る道がないから。

・「チームに貢献している」という気持ちから。
ここで次のコメントを紹介した。

> 自分のバントが必要とされる場面というのは，どうしても1点がほしいとき。つまり，1，2点負けている場合が多いのです。「チームがピンチです。ランナーを絶対に進めたいので，バントを決めてきてくださいね」という場面。
> 　　　　　前掲書p.173・174より

> 1989年，1990年にジャイアンツが優勝した時，当時の藤田監督が「お前のお陰で優勝できたよ」と言ってくれた。
> 　　　　　　　前掲書p.100の要約

「チームに貢献している実感がわき，まわりもその存在価値を認めたこと。死に物狂いで努力し，その自己犠牲の心を最後までつらぬいたことが，世界記録にもつながったのではないでしょうか」と付け加えた。

7 学校生活の中で，自分や友達が「まわりに貢献したなあ」と感じる場面がありましたか。
■自分や仲間の行動と重ね合わせて，貢献のよさを感じさせるための発問である。
　まずは自分で，自分や仲間がまわりに貢献した場面をじっくりと想起させた。その際にイメージしやすいように，様々な生活場面での貢献シーンをヒントとして提示する。
　その後，グループになってお互いの経験の情報交換を行った。グループの中で十分シェアリングを行った後，代表的な場面をそれぞれ発表させた。
・行事でクラスをまとめてくれた。
・普段みんなを笑わせてくれる。
・部活の時に大きな声を出してくれる。
・授業中にたくさん発言をしてくれる。
　十分に意見を出させた上で，「普段気づかないけど，自分たちを支えてくれる仲間がいますね」と伝え，「最後に今日の授業の感想を書いてください」と指示をして授業を終えた。

資料

●川相昌弘さんのプロフィール

岡山県岡山市出身。岡山南高等学校では投手として活躍し，甲子園に2回出場。巧守の遊撃手として読売ジャイアンツ，中日ドラゴンズで活躍。現役時代通算533本の犠牲バントは世界最多記録で，「世界一のバント職人」の異名をもつ。

1982年　ドラフト4位で読売ジャイアンツに入団。入団直後に野手へ転向。
1984年　1軍に初昇格。
1987年　リーグ優勝に守備固め要員として貢献。
1989年　熾烈なレギュラー争いの中，持ち前の守備能力と，確実性のある小技を磨くことで，ショートのレギュラーの座を勝ち取り，2番打者として定着。
1990年　年間犠打記録でプロ野球新記録を樹立。
1991年　シーズン66犠打を記録し，当時の年間犠打新記録を更新する。
1996年～1998年　読売ジャイアンツの選手会長を努める。
2003年　通算512犠打の世界記録を塗り替える。
2004年　中日ドラゴンズに移籍。
2005年　出場機会は減少するも，守備固めや代打として活躍。
2006年　現役引退を表明。通算533犠打は世界記録となる。
2007年　中日ドラゴンズ1軍内野守備走塁コーチに就任。
2010年　中日ドラゴンズ2軍監督を務め，同年のオフに中日を退団。
(2011年　読売ジャイアンツ2軍監督に就任。)*　＊授業実施後

授業実践を終えて

■生徒の感想

・クラスや学年にどう貢献できるかはわかりませんが，悲しんでいる人がいたら，その人の力になろうと思います。私も川相さんのように，表立って役立つのではなく，ひそかに支える人になりたいです。(女子)

・自分では気づいていないかもしれないけど，いろいろなことに自分も貢献できるのかもしれないと思いました。(男子)

・僕はこれから，目立たなくても役に立っている人にもっと目を向けたり，自分でも目立たなくても役立つことをしたりして生きたいと思いました。(男子)

・行事でリーダーに立候補したけれども，なれなかった。その分裏方で貢献できるよう頑張った。その結果，みんなからお礼を言われたり，拍手をしてもらえたりしたことを思い出せました。(女子)

・私は野球のバントというのは，大切な役割だと思います。"1点"という大切な点をとるために，努力を続けた川相さんはすごいと思った。(女子)

・「自分は主役にならなくても，チームをサポートすることができる」という考え方が素晴らしいと思った。自分にも何か1つでもできることはあるんだなあと思いました。(女子)

・たとえ目立たないとしても，チームのためにやり遂げようという気持ちがあるところが，とても立派な人だと思いました。私も，目立たない仕事でも，みんなの役に立つようなことをやっていけたらいいなあと思いました。(女子)

(新潟県　清水謙一)

第1章 「憧れる」美しい生き方に感化される

働く上で大切なこと

1年
2年
3年

才能よりも大切なこと ～ジャズシンガー・綾戸智恵（あやどちえ）～

才能や特技や長所がないと悩んでいる生徒に
今日という1日の経験を積むことの大切さに気づかせる授業

　自分の才能や長所を生かした仕事を選ぶことが望ましい──。一般的にはそう言われていますが，実際に自分の才能や長所が仕事に結びついている人はそれほど多くはないと思います。「才能よりも大切なことは，一生懸命に生きて，たくさんの人と出会い，たくさんの経験を積むこと」とジャズシンガーの綾戸智恵さんは言います。この言葉は，自分には才能や長所がないと悩んでいる生徒を励ましてくれると思います。

『ドラゴン桜公式副読本 16歳の教科書2 ─「勉強」と「仕事」はどこでつながるのか─』より
「奇跡のジャズシンガー　綾戸智恵」
6人の特別講義プロジェクト＆モーニング編集部・編著（講談社）

●資料の概要
　幼い頃から映画と音楽と外国が好きだった綾戸智恵さんは，17歳で単身アメリカに渡りました。その後，いろいろな仕事を経験し，主婦であり母でもあった綾戸さんは，40歳でジャズシンガーとしてプロデビューをしました。「人生の大事なドアは自分の手で開けなきゃいけない」という彼女の言葉は，自分に自信がなかったり，進路に悩んでいたりする生徒にとって大きな励ましとなるはずです。

●脳が活性化する授業づくりのポイント
　憧 たくさんの経験を積んだ綾戸さんの溢れる魅力に憧れる。
　知 たくさんの経験を積むことの大切さを知る。
　驚 綾戸さんの積極的な行動力に驚く。
　顧 経験を積むことの大切さを認識していたか顧みる。

（©野辺竜馬）

授業準備度 ★★★★☆

ねらい

仕事に必要なものは一生懸命さといろいろな経験を積むことだという新しい視点を与える。
（1−⑤自己理解と向上心・個性の伸長）

準備

・綾戸智恵さんの写真
・資料1　生徒数分
・資料2
・綾戸さんのCDとCDプレーヤー

授業の実際（2年で実施）

1 働く上で一番大切なものは何だと思いますか。次の中から1つだけ選んでみましょう。

　A 才能　B 特技　C 長所　D その他
■生徒の職業観を把握するための発問である。

導入なので、堅苦しくないクイズ形式にした。少し深く考えさせたいと思い、「その他」という選択肢を入れた。

結果は、A…1名、B…2名、C…4名、D…9名だった。特に、Dの「その他」の意見としては、「明るさ」「努力」「その仕事をするやる気」「根気」「あきらめずに頑張ること」「忍耐力」など現実的な意見が出た。

ここで綾戸智恵さんの写真を提示して、「この人が誰か知っていますか」と聞くと、女子生徒が「あっ」と言って正解を答えたので、以下のプロフィールを紹介した。

- 1957年大阪生まれ。
- 17歳で単身渡米。
- ロサンゼルス、ニューヨークでライブ活動を行う。
- クラブでのピアノ演奏、料理の先生、デパートの販売員、ウエイトレスなどの仕事を経験。
- 結婚し、主婦、母親に。
- 1998年40歳でプロデビュー。
- ジャズシンガーとして活躍中。

「単身渡米をした時のことを綾戸さんは次のように言っています」

　わたしは17歳、高校3年生の6月に単身アメリカに渡りました。もうウン十年も前だから、1ドル300円とかで、持ち出し限度額は10万円……。
　いまよりずっと海外旅行が珍しく、難しかった時代です。向こうに知り合いがいたわけでもないし、どこかの学校に留学したわけでもない。（中略）全然、音楽修業なんかじゃないの。ただアメリカに行きたかっただけ。
『16歳の教科書2』p.15より

「綾戸さんが外国が好きになったきっかけは、2つあるそうです。1つは"映画"、もう1つは"大阪万国博覧会"です」と説明し、大阪万国博覧会については、簡単に解説をした。そして次の発問をした。

2 映画と大阪万国博覧会の共通点は何だと思いますか。
■綾戸さんの人生の岐路を考えさせる発問である。

この発問は、難しかったようで、ほとんどの生徒が考えを書くことができなかった。やっと1人の生徒が、「アメリカ」と答えることができたので、「近いです。アメリカで使われている、と言えば……」とヒントを出した。すると「英語」という発言が出た。

「共通点は、"英語"です。幼稚園の頃から外国映画ばかりを観ていた綾戸さんは、映画の中のセリフで英語を覚えたそうです。その英語を使いたくてしょうがなかった時に、大阪万博が開催されたのです。13歳の綾戸さんは、毎日のように通い、世界中からやってきた外国人に話しかけたそうです。そして、『万博に来ていた外国人と友達になれたんだから、いつでもアメリカに行ける、アメリカでもやっていける』と思ったそうです」と説明をした。

そして「映画と音楽と外国が大好きだった綾戸さんは、学校が嫌いでした。そして勉強も嫌いでした。その時の様子を紹介します」

第1章 「憧れる」美しい生き方に感化される

> と説明して次のエピソードを紹介した。

> わたし、体育の授業が嫌いだったの。
> それであるとき、体育の先生に「先生、足が痛いから休ませてください」って言ったの。先生は、わたしの体育嫌いを知ってるから「ウソつけ。サボるんじゃない」と言う。
> わたしは「本当に肉離れで走れないんですよ、ほらっ！」って体操着のズボンをめくる。すると、ふくらはぎにはマジックで「にくばなれ」って書いてあるわけ。
> 前掲書p.21・22より

> （中略）大切なのは「学校でみんなとそれを勉強した」という事実、時間、経験なの。
> 前掲書p.20・21より

「そんなに体育が嫌いだったんですか」という声があがった。
「そんな綾戸さんは、学校の勉強は『心の体育』だと言っています」と言って次の発問をした。

3 「心の体育」とはどんな意味だと思いますか。
■生徒が普段考えない、学校の意義を考えさせる発問である。
ノートに書かせた。
・自分の頭でしっかりと意見を考えるということ。
・自分の心を育てるということ。
・心を強く育てるということ。
・相手のことを考えるために心を働かせるということ。

「心の体育について、綾戸さんはこう言っています」と言って、次の話を紹介した。

> これはあとになってからわかったんだけど、そういう経験が大切なの。つまり、音楽が好きなのに、アメリカに行きたいのに、みんなといっしょに国語や数学をやっているという時間が。その「やらなきゃいけないことをやる」という行為が。
> これはね、お勉強とは違う「心の体育」なの。
> 学校では、頭を鍛えるんじゃなくって、心を鍛えてるのよ。

4 綾戸さんのコンサートが人気がある理由は何だと思いますか。
■生徒に仕事に対する新しい視点を与える発問である。
ノートに書かせた。
・ピアノがうまいから。
・関西弁のトークがとてもおもしろいから。
・自分の体験したことをおもしろく、笑いに変えて話すから。
・綾戸さんが自分の生き方を恥ずかしがらずにみんなに伝えているから。
・アメリカンジョークを言うから。
・綾戸さんがお客さんを楽しませることが好きだから。

意見が出尽くしたところで、資料1（28ページに掲載）を配付し、範読した。一生懸命さといろいろな経験を積むことの大切さが綴られている。さらに、綾戸さんの歌「アメイジング・グレイス」を流したところ、生徒はみんな静かに聴いていた。終わったところで資料2（28ページに掲載）の言葉を提示し、読み上げた。最後に感想を書かせて終えた。

【生徒の感想】
・綾戸さんが17歳でアメリカに行ったことに驚きました。綾戸さんの生き方はすごいなと思いました。
・他の人と仕事に対する考え方が違っていてとてもいいなと思いました。こういう考え方もいいなと思いました。
・綾戸さんの曲を聞いて、何だか引き込まれるような感じがした。「ジャズ」自体が綾戸さんの人生みたいに聞こえました。
・自分も人生のドアを開けて夢をかなえたいと思いました。
・まだ自分の夢が決まっていないけど、いろいろな経験を積んでいけば、きっと夢はかなうと思う。

●資料1
　正直言うと，わたしはピアノもそんなに上手じゃないし，歌だってうまくない。英語の発音もパーフェクトじゃない。歌にも演奏にも波があって，調子に左右されることもある。だから，音楽的に「最高のジャズ」を奏でているわけじゃない。少なくとも，音楽の天才なんかではないわけよ。
　じゃあどうして，いまジャズシンガーとして活動できているかというと，"わたし自身"を表現しているからだと思う。こうやって生きてきた，綾戸智恵という人間をね。
　わたしのコンサートに来てくださるファンの方々は，きっと単に「ジャズが好き」というわけじゃなくって，「綾戸智恵が好き」という人のほうが多いと思う。これって最高に嬉しいことだよね？
　結局，なにが言いたいかというとね，大切なのは「一生懸命生きること」なのよ。
　生きていれば，表現するものの中にその人の人生が映し出されるの。
　一生懸命に生きていなかったら，なにも映らない。テクニックばっかりの機械みたいな音楽になっちゃう。これは音楽でも絵でも料理でも，なんでもいっしょ。
『16歳の教科書2』p.40・41より

　大切なのは，生きて，たくさんの人に出会って，たくさんの経験を積んでいくこと。
　そう考えると，いま学校で勉強してることも，将来社会に出てお仕事することも，全部が自分の「好きなこと」につながるよね。
前掲書p.43より

●資料2
　そして人生って，大事なドアは自分の手で開けなきゃいけないの。
　じーっと黙って待ってても，誰も開けてくれない。自分で開けないと「向こう側」には行けないの。（中略）
　息苦しさや閉塞感――言葉はなんでもいいんだけど，その扉を開けるのは誰でもない，あなた自身なの。
前掲書p.16より

［参考文献・資料］
・綾戸智恵 公認ホームページ JAZZ SINGER CHIE AYADO
　http://www.ayadochie.com/
・綾戸智恵 公式ブログ
　http://gree.jp/ayado_chie/
・綾戸智恵 オフィシャルウェブサイト
　http://chie-ayado.jimdo.com/

（長崎県　山中　太）

第1章 「憧れる」美しい生き方に感化される

1年
2年
3年

興南高校の優勝に学ぶ
最高のチーム

集団生活の意義がわからない生徒に
協力し合うことで素晴らしい集団になると気づかせる授業

　2010年，甲子園の高校野球大会で春夏連覇を果たした沖縄県・興南高校。我如古主将は「アルプスにいるみんなも全員で戦った。最高のチームです」と言いました。この言葉から，出場した選手だけでなく，アルプスで応援していた部員のチームへの貢献に対する感謝の気持ちに気づかせ，また，『最高のチーム』とはどんなチームかを，自分の学級に置きかえて考えさせたい。そう考えてこの授業を創りました。

沖縄県・興南高校野球部

●資料の概要
　本資料では3つのねらいを設定した。それぞれのねらいを以下の設問場面によって考えさせたい。①「野球は試合に出る出ない，ではない」（集団の意義，集団生活の向上），②「ベンチ入りができなかった部員は，どんな気持ちだったでしょう」（信頼・友情），③「アルプスにいるみんなも全員で戦った。最高のチームです」（感謝・貢献）。3つのねらいは相互に関係し，重複して考えることができると予想される。

●脳が活性化する授業づくりのポイント
　憧 チームのまとまりができていった興南高校野球部に憧れる。
　知 部活動での競い合いとチームワークを高めることの難しさを知る。
　驚 様々な障害を克服してチームワークを高めたことに驚く。
　顧 自分の属する集団にとってのチームワークとは何か，今どうなのかを顧みる。

授業準備度 ★★★☆☆

ねらい

　一人ひとりが自己の役割と責任を自覚し，信頼や友情，感謝や貢献といった関係をつくり上げていくことで，集団生活の向上が図れるということに気づく。
　　　　（4－④集団の意義，集団生活の向上，
　　　　　2－③信頼・友情，2－⑥感謝・貢献）

準備

・興南高校の連覇を報じる新聞記事
・興南高校の活躍する映像
・ワークシート　生徒数分
・パソコンとプロジェクター

授業の実際（2年で実施）

　興南高校野球部の活躍を振り返らせるため，歓喜にわく県民の新聞記事をいくつか提示した。その中に沖縄を代表する手踊りカチャーシーを踊っている写真がある。「みんなでカチャーシーしていますね。何の騒ぎかな」「オレンジのメガホンです。大応援団ですね。もうわかったかな」と説明すると，興南高校が夏の甲子園で優勝し，春夏連覇を果たした写真とわかった様子であった。興南高校野球部の活躍の映像を見せて，優勝の時の様子を思い出させた。「興南高校野球部が，史上6校目の春夏連覇を達成しました。覚えている場面や選手はいますか」と投げかけると，「島袋投手」「我如古選手」の声があがった。
　「主将は我如古君です。彼は試合後，『アルプスにいるみんなも全員で戦った。○○のチームです』と言っています」と説明し，その言葉を板書して最初の発問をした。

1 『○○のチームです』には，どんな言葉が入りますか。
　■本時の主題に迫る発問である。
　無作為に発表させたが，正解を求めるのではなく，考えてもらうための発問であるから，発表がなくてもよい。

・一番のチーム。
・全員のチーム。

「授業の中でわかると思います」とだけ話して，次の展開に移した。「野球部にはまわりの部員に『大湾さん』と呼ばれる3年生がいます。一度他の高校に入学して野球部に入ったのですが，その学校を辞めて興南高校に再入学したので，1つ上の年齢です。大会のきまりで，夏の大会では選手にはなれず，ベンチで1人，記録員をしていました」と説明した。

2 記録員としてベンチ入りした大湾君は，どんな気持ちだったでしょう。
　■大湾君の気持ちへの共感を図る発問である。

・仲間として役に立ちたい。
・本当は試合に出たい。
・チームの勝利のために何でもいいので頑張りたい。

「自分はもう出場できないとわかっているのに，なんでそんなことをするのだろうか」と投げかけると，「友達だから」「応援したいから」などの声があがった。
　「ベンチ入りして，試合に出ることができる選手は何名でしょうか。18人です。この時の興南高校の野球部員は何名くらいいたと思いますか。130名です」と説明した。「他にもベンチ入りができなかった部員たちはたくさんいたんだね」と説明し，次の発問をした。

3 ベンチ入りができなかった他の部員たちは，どんな気持ちだったでしょう。
　■ベンチ入りができなかった部員たちの気持ちへの共感を図る発問である。

・仲間を応援した。
・一人ひとり，思いは違う。
・試合に出られないので不満だったと思う。
・選手を支えた。

「仲間として頑張ろうという考えと，不満な思いが考えられるようですね。実は春夏連覇という偉業を成し遂げた興南高校でしたが，連覇までの道のりは決して楽ではなかったようです」と説明した。
　「夏の大会に向けた沖縄大会の前，『みんなの

第1章 「憧れる」美しい生き方に感化される

心がバラバラになりそうだった』と大湾君は言っています。3月の春の大会を終えてから8月の夏の大会までの間，グラウンドを主力選手が使うことになると，他の部員は練習する時間が少なくなりました。また，部のきまりを守れず，主力選手を含むメンバー数人の練習が禁止された時期もありました」と説明した。

「そしてついに我如古主将は『辞めたい』と言います。そこで部員は話し合いました」と説明して次の発問をした。

４ どんなことを話し合ったと思いますか。
■部員たちそれぞれの気持ちに共感することを図る発問である。

挙手で発表させたが，小グループをつくって話し合わせるのもよい。
・きまりを守ろう。
・練習を手伝おう。
・主力選手のために我慢しよう。
・みんなで平等にグラウンドを使おう。

「話し合いの場で，我喜屋監督の言った『野球は試合に出る出ない，ではない』の言葉をかみしめたそうです」と言って，その言葉を板書し，次の発問をした。

> 野球は試合に出る出ない，ではない

５ この言葉はどういう意味でしょうか。
■授業のねらいに迫る中心発問である。

試合に出た者と出られなかった者の互いの立場に立って考えさせた。それぞれの立場について，無作為に指名して発表させた。
＜試合に出た者の立場＞
・控えの選手のレベルアップがチームの強さにつながる。
・試合に出るからと，威張ってはいけない。
・試合は全員で戦う。
＜試合に出られなかった者の立場＞
・試合に出ていなくてもやることはある。
・練習を手伝う。
・応援する。
・準備や片付けをする。

「我如古主将は『応援席の選手も頑張ってくれた。部員一人ひとりが自覚して役割を果たしてくれた』と言いました。そして大湾君も『チームのための野球というものを興南で学べた。再入学を決断してよかった』と語っています。監督の言葉がどのような意味なのかは，私が読んだ資料の中に，はっきりとは書かれていませんでした。でも，監督の思いは，この２人の言葉の中に表れているなと思いました」と説明した。

そして「最初考えてもらった質問の答えは，『最高のチーム』でした」と確認した。

６ 学級や部活という集団の中でどう行動すべきでしょうか。
■自分を振り返って考える発問である。

ワークシートに記入後，発表させた。
・みんな仲良くする。
・助け合う。
・気持ちを１つにする。

最後に，ワークシートに授業の感想を書くよう，指示をした。

【生徒の感想】
・興南高校のすごさがわかった。
・興南高校のいろいろなエピソードがわかって楽しかった。
・興南高校の春夏連覇までのつらいことや楽しかったことなどがわかった。
・興南高校は，春の大会からチームがバラバラになったけど，みんなで頑張ってすごいと思いました。
・最高のチームをつくるにはどうしたらいいかわかった。最高のチームのために頑張る。
・興南高校はやっぱり，すごいと思った。相手のことを思いやることはとても大切。

資料

● 補助資料「美ら島野球新時代　興南春夏連覇の軌跡」

西日本スポーツ（2010年8月23日付）より

[参考文献・資料]

　授業にあたっては，沖縄タイムス「興南最強の証明　全国高校野球選手権大会　我如古ダメ押し3ラン」「春・夏　連覇へ挑む　興南夏の甲子園（上）慢心さよなら興南集大成へ」の記事や，時事通信社等の記事を参考にした。我如古主将の「アルプスにいるみんなも全員で戦った。最高のチームです」，我喜屋監督の「野球は試合に出る出ない，ではない」の言葉は，これらの記事から引用した。

（沖縄県　金城真希）

第1章 「憧れる」美しい生き方に感化される

1年
2年
3年

"支える" とはどういうことか

夢が詰まった箱 ～ピアニスト・山崎理恵～

困っている人に親切にしてあげればいいと思っている生徒に
どんなことができるか考える態度を育てる授業

　困っている人に対して何か行動を起こすというのは、とても勇気がいるけれど大切なことです。相手からの見返りを期待せず、ボランティアで取り組んでいる人たちがいます。その人たちが一生懸命やれるのはなぜでしょうか。行動の中に自分自身の喜びや楽しみがあるからでしょう。相手が笑顔になってくれることに喜びを感じるからでしょう。人を支えることは自分をも支えること──。そんなことに気づいてほしくて授業を創りました。

ピアニスト・山崎理恵と2人の技術者

「発見！人間力」[其の87] 北海道発 踏み出そう 病から～車いすのピアニストと技術者の挑戦～
（テレビ朝日2010年5月1日放送：北海道放送制作）

●資料の概要

　山崎理恵さんは、コンサートやピアノコンクールに多数出演していたピアニスト。20歳で発病した難病である膠原病の全身性エリテマトーデスと合併症の髄膜炎の併発により脊髄を損傷し、車椅子生活となる。一時はプロ活動を断念するも、「ピアノのペダル操作さえ可能になれば」という山崎さんの思いに賛同した表鉄工所の社長と、㈲ミューロンが開発を重ね、ピアノペダル・アシスト装置を完成させた。テレビ朝日の「発見！人間力」で配信されている動画と、山崎さんのウェブページから資料を作成した。

（写真提供　山崎理恵）

●脳が活性化する授業づくりのポイント
- 憧 人のために尽くす、自分も伸びる、その両方を大切にできる生き方に憧れる。
- 知 思いやりとは単なる一方的な同情とは違うことを知る。
- 驚 ピアノ演奏ができるまでの山崎さんと技術者の努力と苦労に驚く。
- 顧 自分が今まで同情だけで人を助けていなかったかどうか、その中に自分の喜びや相手への理解があったかどうかを顧みる。

授業準備度 ★★★☆☆

ねらい

人の活躍を陰で支える人の想いから，本当の優しさとは何かを考える。

（2－②思いやり）

準備

・資料1　ピアノの普通の補助ペダルの画像
・資料2，3
・資料4　生徒数分
・相田みつをさんの言葉
・パソコンとプロジェクター

授業の実際（3年で実施）

【資料1】

モデル名：HP-705
（写真提供　ヤマハミュージックトレーディング株式会社）

「これはある楽器に関係するものです」と言って，上の資料1の画像を提示した。生徒からは「ピアノのペダルを動かすもの」「ペダルの位置を調節する箱」と発表があった。

なぜそう思ったか問うと，「ピアノを習っていたので知っている」と答えた。「その通りです。子どもがピアノをひく時に，そのままでは足が宙ぶらりんになります。そうならないために足を固定する道具で，安定した正しい姿勢で演奏することができるものです。ピアノ補助ペダルやアシストペダルと言います」と説明した。

「これも同じものですが，少し違うところがあります」と言って資料2（36ページに掲載）

の画像を大きく提示し次の発問をした。

■1 違うところはどこですか。

■装置とピアノの仕組みを理解させる上で興味を高める発問である。

・風量センサーというのがついている。
・息を吹くと書いてある。
・機械みたい。

「これは特別に開発された装置です。どんな方のために開発されたのでしょう」と投げかけ，資料3（36ページに掲載）を提示した。

そして一呼吸おいて説明を続けた。「この写真の演奏者はプロのピアニスト山崎理恵さんです。山崎さんは，病気のため下半身の自由を失いました。現在も車椅子の生活をされています。山崎さんは足が不自由なため，ピアノのペダルを踏むことができません。音の表現に欠かせないピアノのペダルを踏めないことは，ピアニストにとって致命的でした」と説明した。

「もう一度，ペダルを踏んでピアノを弾きたいという夢を諦めきれずにいた山崎さんに，ある運命的な出会いが待っていました」と言って，資料4（36ページに掲載）を配付し，範読した。表さん，橋本さんという2人の技術者が山崎さんのための装置を苦労しながら製作するという話である。

■2 装置の開発の製作費は誰が払っているのでしょう。

■2人の技術者の熱い想いを感じさせるための発問である。

・国や市町村など。
・山崎さん本人。
・募金。
・製作者の2人。

「2人はボランティアで製作しています」と説明して，次の発問をした。

■3 なぜそこまでして山崎さんを支えようと思ったのでしょうか。

■2人の技術者の熱い想いを感じさせるための発問である。

・山崎さんも負けずに頑張っていたから。

第1章 「憧れる」美しい生き方に感化される

・山崎さんのピアノに，感銘を受けたから。
・技術者のプライド。
・一度つくろうと思ったものを投げ出したくなかったから。

「前の2人は山崎さんへの応援，後の2人は技術者としてのプライドに着眼していますね」と評価した。

「装置を完成させるための2人の努力を見て，『もう一度ピアノが弾きたい』と山崎さんも一層の努力をするようになりました。病気のため肺活量は通常の2分の1しかないので，1曲弾くだけで酸欠状態を起こします。そのため，腹筋や背筋等の筋力トレーニングを毎日続けました。そうするうちに，2人の技術者は何度も何度も電子制御の改良を重ね，そして，ついにピアノペダル・アシスト装置が完成したのです」と説明した。

さらに，「6年ぶりの復活を果たした山崎さんは，高い評価を得ました。しかし，この装置は，ホースに息を吹き込むと水滴がつきセンサーが作動しなくなります。そこで山崎さんのお母さんは大量のチューブを1曲ごとに取り換えるのでした」と説明した。

「この装置は技術者の方やお母さんの想いがつまった箱ですね」と言って，次の発問をした。

4 どんな想いがつまっていると思いますか。
■まわりの人が山崎さんを支えようとしている気持ちを想像させる発問である。
・頑張ってほしい。
・活躍してほしい。
・応援している。
・あきらめないで。
・いいものをつくりたい。

「『いいものをつくりたい』は他の4つの考えと大きく違いますね」と言って，どこが違うのかを問うと「前の4つは山崎さんに対してだけど，『いいものをつくりたい』は製作者の自分自身の想い」という発表が出た。

「モノづくりへの妥協のない技術追求の精神に気づいたようですね。その精神から生まれた装置が，道具としての"モノ"を越え，ピアニストの輝きを取り戻す"夢の装置"になったのです。山崎さんはこの箱を『夢が詰まった箱』と呼びました」と説明した。

「技術者の表さんは『相当練習をして大変な思いをして装置を使いこなしたと思う。僕らはちょっと手助けをしただけ，もっと輝いてくれればいい』と言って，山崎さんの努力が前提にあることを述べています。その上で，『押し着せの優しさではダメ。何でも手伝えばいいという訳ではなく，どんな手を差し伸べられるかということ』と話しています」と説明した。

5 今日の授業を通して，優しさとはどんなものだと思いましたか。
■本当の優しさとは何かを考えさせる発問である。
・自分の信念でやること。
・恩着せがましいことは言わないこと。
・本人の頑張りが前提。
・本人をよい方向へ導けるもの。

最後に，下の相田みつをさんの言葉を紹介した。

「あんなにせわしてやったのに　『のに』がつくとぐちが出る」
『一生感動　一生青春』相田みつを
（文化出版局）p.127より

余韻を残して授業を終えた。

資料

● 資料2　ピアノペダル・アシスト装置の仕組み

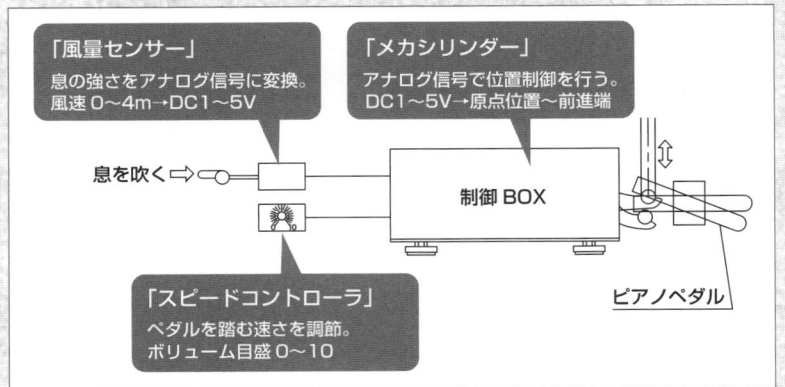

山崎理恵オフィシャルサイトより

● 資料3　装置を使っての演奏の様子

山崎理恵オフィシャルサイトより

● 資料4

　旭川の技術者，表実さんは水門等を設計する技術者です。表さんは山崎さんがピアノを弾く様子を見て，「"モノづくりの技術"がハンディキャップを克服するきっかけにならないか」と考えました。そこで，表さんが着目したのは"呼吸"。「口から吹き込む息を使ってペダルを操作できないか？」ハーモニカを吹くイメージでペダルを操作するのです。

　表さんの技術者魂に火がつきました。100円のホイッスルとビニールホースをつなぐアイディアを編み出し，電子回路を専門とする技術者・橋本さんとの共同製作が始まりました。ピアノに触ったこともない2人でしたが，工夫して改良を重ねました。使ったホースの数は数えきれません。長さを変え，太さを変え，何回もつなぎ合わせました。電子回路の技術者とも何回も話し合いをし，ミリ単位の調整を行いました。この作業を繰り返し，3年という月日が経ちました。作り始めの頃よりは使いやすくなりましたが，息を入れるたびにちょっとした音がでるので納得いかず，音が出なくなるまで，また改良の日々が続きました。

資料をもとに授業者が作成

（長崎県　吉田綾子）

第2章

「知る」
この知恵に感銘を受ける

道徳の時間に限らないで考えてほしい。
１時間の授業を終えた時，「何も目新しいことはなかったなあ」と
思ってしまう授業は，生徒にとってさぞかし退屈であろう。
そもそも「新たな知識がない授業」があり得るのだろうか……。
「知識」が単なる事実の認識に終わるのではなく，
「知識」の中に道徳的な価値が加わって「知恵」となるように
道徳授業で扱っていこう。

1. ぼくのおねがい
2. 遺した気持ちは何か
3. ピーマンくさい
4. 裏の努力での成長
5. 大岡裁き「三方一両損」
6. 生まれ出づる仕事
7. ヒトの特長を考える
8. 時間銀行
9. 自立型思考でいこう
10. 人に喜んでいただくということ

第2章 「知る」
この知恵に感銘を受ける

<授業のポイント>

「ぼくのおねがい」理解しがたい行動の裏にある「本当の思い」を考えることの大切さを知る。
「遺した気持ちは何か」自殺直前の言動の裏に含まれる「苦しい思い」を知る。
「ピーマンくさい」与えてもらう側から与える側へ「視点が変わる」ことで気づく大切なことを知る。
「裏の努力での成長」元プロ野球選手の桑田真澄さんが考える「練習の努力に加えて裏の努力を積むこと」を知る。
「大岡裁き『三方一両損』」落語の中の「人情味のある知恵」を知る。
「生まれ出づる仕事」漫画を通じて「その人の個性を活かす」という知恵の大切さをを知る。
「ヒトの特長を考える」人間とサルの比較から改めて「人間のよさ」を知る。
「時間銀行」より実感をもって感じる「時間のありがたさ」を知る。
「自立型思考でいこう」思考に「自立型と依存型」があることを知る。
「人に喜んでいただくということ」保護者の感想から「人に喜んでもらうことの意味」を知る。

これらバリエーションに富んだ「知識」を学ぶことができる授業群である。
そして，生徒の心に落とすことで，それは「知恵」へと昇華する。

第2章 「知る」この知恵に感銘を受ける

| 1年 |
| 2年 |
| 3年 |

七夕さま ありがとう
ぼくのおねがい

迷惑をかける人は除外すればよいと思う生徒に
相手を理解をすることの大切さに気づかせる授業

　他人や大人から見て好ましくない行動でも，行動の裏にはその子なりの理由や，本当の意味がある場合があります。まわりに理解されないことがどれほどつらいことか，理解してもらえることがどれだけありがたく，幸せなことか。学級において「困り感」を感じ，支援を必要としている生徒への理解にもつなげたいと考え，この授業を創りました。

『おこだでませんように』

くすのき しげのり・作　石井聖岳・絵（小学館）

知る

●資料の概要
　小学校1年生の「ぼく」は，先生や親にいつも怒られる。7月7日，「ぼく」は一生懸命七夕さまのお願いを書いた。「おこだでませんように」と書かれた短冊を見た先生は，涙を流して「ぼく」に「ごめんね」と言った……。
　相手の立場や考えを理解することが個々の幸せとなり，よりよい人間関係づくりにつながることに気づくことができる。また，私たち教師や親が，子どもの立場で考えることの大切さを再認識し，子ども観を捉え直すきっかけとなる資料である。

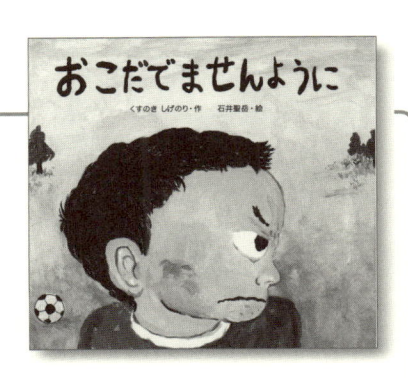

●脳が活性化する授業づくりのポイント
　宣 新たなことに気づいた時に自分を省みる生き方に憧れる。
　知 行動の裏にある心理を考えることの大切さを知る。
　驚 一見奇抜な行動にも，その裏には根拠があることに驚く。
　顧 人を表面的な部分だけで見ていなかったか，しっかり理解しようとしないままかかわっていなかったかを顧みる。

授業準備度 ★★★★☆

ねらい

相手の立場で考え，気持ちを理解することの大切さに気づく。　　（2－⑤寛容・謙虚）

準備

・『おこだでませんように』
・場面絵①男の子の顔（p.13）
・場面絵②お願いを書く絵（p.23）
・場面絵③短冊の絵（p.24）
・場面絵④虫を持ち込んでいる絵（p.8）
・場面絵⑤給食を入れすぎている絵（p.9）
・資料1，2　生徒数分

授業の実際（3年で実施）

　場面絵①と場面絵②を提示した。「この絵は，小学校1年生の男の子です。この男の子が，七夕の時にある"おねがい"をしました。どんな"おねがい"を書いただろうね」と言うと，「友達がほしい」「ゲームがほしい」等の声があがった。そこで場面絵③を提示し，「『おこだでませんように』と書かれていました」と説明した。生徒から「『ま』の字が変」「方言ですか」という声が出た。どんな意味なのかと興味を感じたようだ。そこで次の発問をした。

■1 「おこだでませんように」とは，どんな意味でしょう。

■資料への関心を高め，学ぶ内容を示す発問である。
・悪いことが起きませんように。
・昔した悪いことを蒸し返されないように。
　そこで資料1（42ページに掲載）を配付した。すると「怒られませんように」という意味であることが生徒にもわかった。「今日は，この『おこだでませんように』がタイトルとなっている絵本を読んで考えます」と説明して絵本の実物を提示した。
　「ところで，この男の子は，怒られてしまうようですが，誰に，どんなことで怒られてしまうのでしょうね。これから読みますので，静かに聞いてください」と，視点を与えて絵本のp.1からp.9を範読した。その中で場面絵④と場面絵⑤を提示し，次の発問をした。

場面絵④　　　　　場面絵⑤

『おこだでませんように』p.8より　　前掲書p.9より

■2 場面絵④を見て，「ぼく」とまわりの友達と先生はそれぞれどんな捉え方をしていますか。

■場面絵の状況を確認してから考えさせる。それぞれの立場や考えが違っていることに気づかせる発問である。
「ぼく」
　・すごいものを見つけた。
　・みんなにも教えたい。
「まわりの友達」
　・びっくりする。
　・今，それを出すのに，ついていけない。
「先生」
　・関係ないことをしてほしくない。
　・また変なことをしている。

■3 場面絵⑤を見て，「ぼく」とまわりの友達と先生はそれぞれどんな捉え方をしていますか。

■場面絵の状況を確認してから考えさせる。それぞれの立場や考えが違っていることに気づかせる発問である。
「ぼく」
　・一生懸命やっている。
　・喜んでもらおうとしている。
「まわりの友達」
　・驚いている。　　・うれしそう。
「先生」
　・それは多すぎる。　・目が離せないよ。
　「『ぼく』は決して悪いことをしようとしてい

るのではないんですね。でも友達や先生にはそこをわかってもらえなくて悩んでいるようですね」と解説をした上で，絵本のp.10からp.19までを範読し，いろいろな理解をされていない点を紹介した。

「そして，七夕の日に『おこだでませんように』と書くのです」と言い，絵本のp.20からp.27までを範読した。

「ぼく」の短冊を見て先生が涙するところでは，「先生はどんな反応をするかなあ」と，予想をさせながら提示していった。そしてp.31までを範読した。先生が涙を流して謝ったこと，そして家庭に連絡をし，お母さんも謝ってくれたことが綴られている。

◪ 先生は電話でお母さんとどんな話をしたのでしょうか。
■相手の立場で考えることの大切さに気づかせる発問であり，具体的な内容を考えさせて迫る発問である。
・叱ってばかりいたことを謝った。
・大人が怒ってばかりいるのではないかと相談した。
・学校でも家でも叱ってばかりいるのでは，と話して，ほめていこうと話し合った。
・怒られることばかりしているが，本人にはそんな気持ちがないことを知らせてきた。

絵本のp.32を範読した。「ぼく」の前向きな心が示されている。それを受けて次の発問をした。

◫ 「ぼく」が「ありがとう」「しあわせ」「もっとええこになる」と思えたのは，なぜでしょう。
■自分を理解してもらうことがどれほど幸せなことかを実感させる発問である。
自分との重なりの中での発言が可能なところなので，十分時間をかけてたくさんの生徒に発表をさせた。
・喜んでくれたと思ったから。
・怒ることをやめようと思ってくれたから。
・七夕さまが早速願いを聞いてくれたから。
・こんなに喜んでもらえるのなら，喜んでもらえることをしようと思ったから。
・お母さんも先生も笑顔になったことがうれしかったから。
・つらい気持ちをわかってもらえたから。

◰ 自分のつらい気持ちをわかってもらえてうれしかったことや，逆に他の人のつらい気持ちを理解できたことはありますか。
■自分自身を振り返り，価値の内面的自覚を図るための発問である。
書く活動や発表などはさせない。少し時間をあけて，授業の感想で書くように指示をした。

【生徒の感想】
・今日の授業では，いろいろな立場で気持ちを考えることができました。
・人によっていろいろな捉え方があることがわかりました。最後にとても温かい気持ちになることができました。
・つらい気持ちを理解してあげることが大切であることがわかりました。とても感動的で泣きそうになりました。
・「ぼく」は最後に気持ちをわかってもらえたことがうれしかったのだと思います。
・自分と考えが違っていても，その人からすればよいことをしているのだということに気づいてあげられるようになりたいです。
・今日は，他人の立場になって考えることの大切さを学ぶことができました。
・身近に感じられる内容でした。私も自分の気持ちをわかってもらえずイライラしてしまうことがあります。でも，理解してもらえた時はとてもうれしかったので，私も人の気持ちを理解できる人になりたいです。
・まわりの人の対応が変わったことで「ぼく」がしあわせになれたので，相手の気持ちをきちんと理解することが大切だと感じました。

最後に資料2（42ページに掲載）を配付して範読し，学びを振り返って授業を終えた。

資料

●資料1

ぼくは いつも おこられる。
いえでも がっこうでも……。

きのうも おこられたし,
きょうも おこられてる。
きっと あしたも おこられるやろ……。

ぼくは どないしたら おこられへんのやろ。
ぼくは どないしたら ほめてもらえるのやろ。
ぼくは……「わるいこ」なんやろか……。

ぼくは, しょうがっこうに にゅうがくしてから
おしえてもらった ひらがなで,
たなばたさまに おねがいを かいた。
ひらがな ひとつずつ, こころを こめて……。

『おこだでませんように』表紙カバー裏面より

●資料2

「おこだでませんように」
　そう書かれた小さな短冊を見たとき, 私は涙が出そうになりました。短冊を書いた男の子は, いつも怒られているのでしょう。この子が, 楽しいと思ってしたことや, いいと思ってしたことも, やりすぎてしまったり, その場にそぐわなかったり, あるいは大人の都合に合わないからと, 結果として怒られることになってしまうのかもしれません。
　でも, この子は, だれよりもよくわかっているのです。自分は怒られてばかりいるということを。そして, 思っているのです。自分が怒られるようなことをしなければ, そこには, きっとお母さんの笑顔があり, ほめてくれる先生や, 仲間に入れてくれる友だちがいるのだと。
　そんな思いをもちながら, それをお母さんや先生や友だちに言うのではなく, 七夕さまの短冊に, 一文字一文字けんめいに書いた「おこだでませんように」。この子にとって, それは, まさに天に向けての祈りの言葉なのです。
　子どもたちひとりひとりに, その時々でゆれうごく心があります。そして, どの子の心の中にも, このお話の「ぼく」のような思いがあるのです。どうか, 私たち大人こそが, とらわれのない素直なまなざしをもち, 子どもたちの心の中にある祈りのような思いに気づくことができますように。

くすのき しげのり
『おこだでませんように』著者あとがきより

(栃木県　馬場真澄)

第2章 「知る」この知恵に感銘を受ける

1年 / 2年 / 3年

苦しくつらい気持ちを見抜く

遺した気持ちは何か

人の気持ちを深く考えない生徒に
つらい立場の人の気持ちを考えさせる授業

自殺した同世代の少年の行動をもとに，生徒一人ひとりが「自分だったら……」と自らの心の動きをその少年の心の動きとして想定し，物語化します。自殺した少年を触媒として，自分の心の動き方を認識するのです。また，それらを級友と交流することによって，人間の心の葛藤の物語について思いをはせ，人間の内面について理解を深めます。こうした2つのアプローチで命の大切さに迫ろうと考え，この授業を創りました。

『遺書─5人の若者が残した最期の言葉─』

verb・制作（幻冬舎）

知る

●資料の概要

彼らはなぜ死を選択したのか。生と死の狭間で揺れる若者5人の葛藤を描き，いじめや鬱による自殺の真実に迫る。実物の遺書と遺族からの返信の手紙を全文掲載し，命の価値，家族のあり方を問う。生きることの大切さを伝える力をもつ。

●脳が活性化する授業づくりのポイント

- 宣 このようなことが起きない社会や人間関係を希求する。
- 知 自殺直前の優作君の言動の裏に含まれる苦しい思いを知る。
- 驚 見過ごしてしまいがちな状況の中に潜む人の決意に気づき，驚く。
- 顧 友達や仲間の言動にどんな意味が含まれていたのかを顧みる。

授業準備度 ★★★☆☆

ねらい

生命の尊さを理解し、かけがえのない自他の生命を尊重する。　　（3-①生命の尊重）

準備

・資料1，2　生徒数分
・ワークシート1（簡単な記入欄のあるもの），ワークシート2（46ページに掲載）生徒数分
・400字詰め原稿用紙　生徒数分（各2枚）

授業の実際（2年で実施）

資料1を配付し、各自読ませた。書かれた状況を想像しながら読むように指示をした。

【資料1】
　　ぼうりょくでは
　　ないけど、ぼうりょく
　　よりもひさんだった
　　かなしかった
　　ぼくはすべて聞いていた，

　　あの4人に
　　いじめられて
　　いた，ぼくは死ぬ

『遺書』p.12より

1 この文章が書かれた状況についてどんなことを考えましたか。
■資料内容を確認する発問である。
・いじめで自殺した人が書いた。
・遺書。
・4人がいじめていた。

資料2を配付し、教師が範読した。その概要は以下の通りである。

【資料2】（概要）
　1997年1月7日の夜、13歳の中学1年生、前島優作君が自宅の庭で首吊り自殺した。この日、優作君は、次の日から始まる3学期の準備をし、昼間、母親と姉と一緒に駅前で買い物をした。その後、午後6時30分頃から8時30分頃まで塾に行き、帰宅後は家族と一緒に鍋を囲み、テレビを見たりテレビゲームに興じたりもした。午後10時頃、「明日学校で早いから」という言葉を最後に自室へと向かい、その後、自宅の庭で自殺した。
　後から考えると自殺の予兆がなかったわけではない。優作君の上履きが破れているのに気づいた母親が、街に買い物に行こうと誘うと、優作君は「いいよ、その靴で」と遠慮したこと。またその後、家族と買い物に出かけた際、お正月にいろいろと家の手伝いをしてくれたからと、プレイステーションを買い与えようとしたが、1900円のスーパーファミコンのソフトでいいと、ゲーム機を買ってもらうのを拒んだこと。優作君はゲーム好きで、プレイステーションを買うために、自らお小遣いを貯めていたほどであり、ここで買ってもらわなかったのは、後になって考えてみれば不自然なことであった。

前掲書p.14～18より授業者が要約

2 自殺の原因は何ですか。
■資料の内容を確認する発問である。
・優作君のまわりの4人によるいじめが原因。

3 優作君は4人に対してどんな思いをもっていたと思いますか。
■優作君のつらさに共感させるための発問であると同時に、優作君の人間性について考えさせるための発問でもある。
・憎しみ。
・憎悪。
・自分が死ぬことで仕返しをしてやる。

4 優作君はなぜ、遺書に4人の実名を書かなかったのだと思いますか。
■これも、優作君に同化させることに

よって，優作君の人間性について考えさせるための発問である。
・実名を公表するのはかわいそうだと思った。
・実名を書かなくても先生や級友によって明らかになると思った。
・実名を書くと両親が怒って4人を殺してしまうかもしれないと感じた。

「それでは，優作君が自殺当日，家族に対してとった態度について，考えてみよう」と投げかけ，優作君の自殺当日の言動に線を引かせた。

5 なぜ，家族にはいつもと同じ態度をとったのだと思いますか。

■優作君のつらさを想像させ，共感させる発問である。

10分ほど時間をとり，ワークシート1に記述させた。その後，班をつくらせ，各々の意見を話し合わせた。さらに，優作君が自分をいじめた4人の実名を遺書に書かず，かつ家族に平静を装った理由についても班で意見を交流させた。

この班交流の際，ワークシート1に，交流によって新たに学んだことについて赤ペンでメモを取らせた。赤ペンで記述させたのは，自分で考えたことと交流によって学んだこととを色分けすることによって，生徒に自らの学びを可視化させるためである。

6 優作君の自殺当日の言動から，どんな心の動きがあったと思われますか。自分だったらこう考えるだろう……と想像して書いてみましょう。

■優作君の言動の裏にある心の動きを想像させる発問である。

ワークシート2（46ページに掲載）に書かせた。左段に時間と優作君の言動を提示し，右段にそのそれぞれにおける優作君の心情を想像して書かせた。優作君の言動に関しては下線を引いて強調しておき，最低でもこれらの言動については自分なりに優作君の心情を想像することを指示した。

例えば，次のような文章が書かれた。

①「いいよ，その靴で」
・この時点でもう死ぬ決意を固めていたので，新しい上履きは自分にとって必要ない。

②「買ってもらったソフトで遊んだ」
・家族に自分が死のうと思っていることを気づかれたら，決心が鈍ってしまう。必死に普段通りに過ごす自分を演技していた。

③「いつもと変わらない時間を過ごした」
・楽しんでテレビを見たりゲームをしたりしていたというよりは，決心が鈍らないように，最後に自分と向き合う時間をつくっていたのだと思う。

最後に優作君の事件について考えた感想をワークシート1に書かせて授業を終えた。

【生徒の感想】
・自分たちと同世代の男の子が自殺を決意したその日に，日常と変わらない行動をするとは信じられない。
・自分に買い与えられる物，つまり自分の未来につながる物を拒んでいる。
・人が真剣に悩んでいることに対して，他人がその心情を想像することはとても難しいことだと思った。
・いじめた4人の実名を書かなかったことと，自殺する日に普段通りの過ごし方をしたこととはつながっていると思う。優作君は他の人に迷惑をかけたくないということを何よりも強く思う，優しい人だったのだと思う。

なお，次時に400字詰め原稿用紙2枚程度で，想像したことをつなげて，優作君の一人称の「物語」を紡がせた。しかし，この活動にまで取り組まなくても，優作君の心情を想像させるだけで，当事者意識をもって「生命の尊重」や「いじめ問題」について考えさせることができる。

ワークシート

ワークシート2「優作君の行動」　　　　　　　　　　　　年　月　日
　　　　　　　　　　　　　　　（　）年（　）組（　）番　氏名（　　　　　　　）

【昼間】

　上履きが破れていることに気づいた母親は，街へ買い物に行こうと優作君を誘った。
　「いいよ，その靴で」

　「お正月にいろいろと手伝ってくれたし，頑張ってくれたからプレイステーションを買ってあげる」
　「これでいい」
　優作君はほしがっていたプレイステーションではなく，なぜか1900円のスーパーファミコンの中古ソフトを買ってもらい，帰途へとついた。

　買ってもらったソフトで遊んだ。

【午後6時30分頃】

　珍しく早く帰宅していた父親の車に乗せてもらい，通っていた塾へと再び駅前まで送ってもらった。塾に到着すると，無言で車のドアを閉め，そのまま階段を昇っていってしまった。

【午後8時30分頃】

　塾から帰ってきた。
　テレビを見たり，ゲームをしたりして，優作君はいつもと変わらない時間を過ごした。

　その後，両親と姉，祖父母とともに夕食の鍋を囲んでいる。

【午後10時頃】

　「明日学校で早いから」
　2階の自分の部屋へと戻っていった。

　しばらくして……姉は異変に気づいた。
　「お母さん，優作がいない！」

『遺書』p.14～18をもとに授業者が作成

[参考文献・資料]
・『「創造的読み」への手引き―詩の授業理論へ』鹿内信善（勁草書房）
　（思考操作方法は認知心理学で言う「物語法」を応用した授業形態である）

（北海道　堀　裕嗣）

第2章 「知る」この知恵に感銘を受ける

1年
2年
3年

努力することの大切さ

ピーマンくさい

努力しても成果が出ないことにがっかりしている生徒に
努力が人を成長させると気づかせる授業

　残念ながら，努力したことが必ず実を結ぶとは限りません。そして努力の度合いが大きいほど，うまくいかなかった時のダメージは大きいものです。しかし，つらい気持ちから自分の身を振り返り，考えを深めた時に，人として成長することができると思います。友達のための弁当作りに励んだ女の子の姿から，このことを生徒にも感じ取ってもらいたいと思い，授業を創りました。

『泣きみそ校長と弁当の日』

竹下和男・渡邊美穂（西日本新聞社）

知る

●資料の概要
　「弁当の日」とは2001年，小学校の校長だった竹下和男さんが始めた取り組みである。月に1回，子どもたちが自分で弁当を作る。その中で様々なことを考え，行動し，成長する。本の中には6つの物語が掲載されており，本実践で取り上げた物語「ピーマンくさい」には，ピーマンが苦手な同級生にピーマンを食べてもらおうとする工夫や努力が書かれている。努力は無駄ではなく，人を成長させるということを感じ取らせたい。

●脳が活性化する授業づくりのポイント
　憧 努力することから大事な気づきにいたる生き方に憧れる。
　知 立場が変わり，視点が変わることで，大切なことに気づけることを知る。
　驚 立場が変わって初めて気づくことの大きさに驚く。
　顧 違う立場の視点から自分の生き方を顧みる。

授業準備度 ★★★★☆

ねらい

結果が思わしくなくても，努力した分，大切なことに気づき，成長できることを知る。
（3－③人間理解と生きる喜び）

準備

- 『泣きみそ校長と弁当の日』
- ワークシート　生徒数分
- 実物投影機，スクリーン
- 事前アンケートの結果表

授業の実際（1年で実施）

授業に興味をもたせる導入として，弁当作りについて事前に行ったアンケート結果を提示した。項目と結果は以下の通りである。

①中学生になって自分でお弁当を作ったことがありますか。
【ある】6名
・2回…3名　　・3回…1名
・5回…1名　　・ほぼ毎日…1名
【ない】24名
②毎日のお弁当は主に誰が作りますか。
・父…1名　　・母…26名
・祖父母…1名
③将来，自分でお弁当を作ろうと思いますか。
【作りたくない】5名
＜理由＞
・面倒くさい。
・朝早く起きられない。
・早起きが嫌。
・時間がない。
【作ってみたい】25名
＜理由＞
・お母さんが忙しそう。
・いつまでも親に頼りたくない。
・料理が好き。
・自分で健康管理したい。

意外に【作ってみたい】の生徒が多く，生徒はアンケート結果を興味深そうに見ていた。

❶「弁当の日」というのを知っていますか。

■資料に関心をもたせる発問である。

挙手させて確認したが，知っている生徒がいなかったので説明した。

『弁当の日』は2001年10月，香川県の小学校で当時校長だった竹下和男さんの提案で始まる。1学期の家庭科で調理の基本を学んだ5，6年生が2学期から月に1回自分だけで弁当を作るのである。ルールは「親は手伝わない」とし，「献立づくり，買い出し，調理，弁当詰め，片付けまですべて自分で行う」こと。2010年5月現在，全国の小・中・高・大学587校まで広がっている。

「今日は，『弁当の日』をグループで取り組んだ女の子の話です」と話し，実物投影機で『泣きみそ校長と弁当の日』に収録されている「ピーマンくさい」のp.32～37を映し，範読した。

【概要】
ゆみ子さんを含む6人グループは，『弁当の日』に1人1品・6人分を持ち寄ることにした。得意のチャーハンを作ることにしたゆみ子さんだが，きょうすけ君がピーマンが嫌いだと知る。そこでピーマン入りでもおいしいチャーハンを作ることを決心する。

「この日からゆみ子さんの努力が始まります」と続きp.38～40を範読した。

【概要】
ゆみ子さんは『弁当の日』までの2週間何度も練習を重ね，ピーマン入りチャーハンを作った。『弁当の日』の当日，きょうすけ君が食べてくれることを夢見て家を出る。

第 2 章　「知る」この知恵に感銘を受ける

「ゆみ子さんは頑張ったね」と言うと，良い結果を期待したような笑顔でうなずく生徒が多くいた。

2 きょうすけ君は食べたと思いますか。
　■資料の内容に引き込む発問である。
　「食べた」と思う人は○，「食べなかった」と思う人は×を理由と共にワークシートに書かせた。最初に挙手させて人数を確認すると，「食べた」が16名，「食べなかった」が14名であった。理由を数名に発表させた。
＜食べたと思う理由＞
・ゆみ子さんが一生懸命作ったから。
・とてもおいしそうだったから。
・食べないとゆみ子さんに悪いから。
＜食べなかったと思う理由＞
・においでピーマンがあるとわかったから。
・嫌いなピーマンが入っていたら絶対食べたくないから。
・ピーマンを見ただけで食べたくなくなるから。
　「ゆみ子さんは弁当の日のことを作文にしています」と，正解を言う代わりにp.41～43の2行目までを範読した。きょうすけ君は「うえっ，ピーマンくさっ」と言ったきり，一口も食べてくれなかったのである。資料を読むと残念そうな表情をした生徒も数人見られた。

3 この出来事で，ゆみ子さんは，どんなことを思ったでしょうか。
　■ゆみ子さんの気持ちに迫る発問である。
・せっかく作ったのに，一口も食べてくれないなんてひどい。
・くやしいし，悲しい。
・食べてくれないなんて，頑張った意味がなかった。
・嫌いなピーマンを入れたのが悪かったのかな。
　「では作文の続きを読みましょう」と言って最後までを範読した。

　　とても悲しくて「つらい　つらい」と考えているうち，わたしも，つい，このあいだお母さんが作ってくれたおかずを「おいしくない」と言って皿を押し返したことを思い出しました。
　　よろこんでほしいと思っていた人から「おいしくない」と言われることはこんなにつらいことなんだとはじめて分かりました。

　　お母さん，今までごめんね。

　　もう二度とお母さんが作ってくれたご飯を残さないようにしようと思いました。　　『泣きみそ校長と弁当の日』p.43・44より

4 きょうすけ君のためにチャーハンを作ったゆみ子さんの努力は無駄だったと思いますか。
　■努力することの大切さに気づかせる発問である。
　「無駄だった」と思う人は○，「無駄ではなかった」と思う人は×を理由と共にワークシートに書かせた。人数を確認すると，全員が「無駄ではなかった」に挙手した。数名に理由を発表させた。
＜理由＞
・ゆみ子さんは，お母さんの気持ちに気づいたから。
・一生懸命料理を作ってくれる人の気持ちがわかったから。
・お母さんの気持ちがわかって，反省したから。
・自分が食物を残してはいけないという大切なことを学べたから。
　最後に，「努力したことが実らないと，とても悲しい気持ちになりますね。ゆみ子さんもそうでした。しかしゆみ子さんは，お母さんの気持ちに気づいて反省し，これからの自分はどうすればよいかを考えました。『弁当の日』の前と比べて成長できました。努力して結果が思うようにいかなくても，努力した分，人は大切なことに気づき成長できるのですね」と話をし，感想を書かせて授業を終えた。

授業実践を終えて

■生徒の感想

- ゆみ子さんが作ったチャーハンをきょうすけ君が食べてくれなかったのは，ひどいと思ったけど，結果としてゆみ子さんは人の気持ちがわかって，努力は無駄じゃないと思った。これからは「できない」「無理」ではなくて努力してみようと思った。
- 僕は努力って大切だなと思いました。努力しても実らないことがあるかもしれないけど，努力したことによって今までの自分の行動を振り返ることができるし，もっとやろうと思う向上心が出ると思うからです。
- 今日の道徳で何でも一生懸命努力することの大切さがわかりました。努力したおかげで何かが変わるかもしれないし，変わらないかもしれないけど，決して無駄ではないことがわかりました。私は何でも努力することを忘れないでいたいです。
- ゆみ子さんはとっても強い気持ちをもっているんだなあと思います。お母さんの気持ちもわかったし，自分が今までしてきたことの反省もできたのでよかったと思います。やはり何か1つのことに時間をかけるのはとても大事なことだと思いました。

資料

●資料について
『泣きみそ校長と弁当の日』には，次の文章がある。

> 台所に立つ子どもたちの瞳には，食材や調理道具，完成した弁当だけが映るのではありません。6つの物語が伝えてくれるように，子どもたちは「弁当の日」を通して，身近な人たちの「こころ」が見えるようになっていきます。そして，感謝されることをしたいと思い始めるのです。
>
> （『泣きみそ校長と弁当の日』p.113より）

この文章のように，今回の資料は家族への感謝の念（2－⑥）や家族愛（4－⑥）に価値が置きやすいと思う。実際，生徒の感想にも母親の手料理を残したことを悔いたり，母親への感謝を表す文章もあった。

しかし，私は『ピーマンくさい』では，努力するゆみ子さんの心の変容に強く引かれた。多くの生徒も発問において「ゆみ子さんの努力は無駄ではない」と考えたので，ねらいとする価値に迫れたのではないかと思う。

（長崎県　山﨑みゆき）

第2章 「知る」この知恵に感銘を受ける

| 1年 |
| 2年 |
| 3年 |

努力する意欲を高めるために

裏の努力での成長

努力しているが成果が出ないと思っている生徒に「裏の努力」があることを知らせる授業

　桑田真澄さんと言えば，野球に詳しくない人でも知っているほど有名な，元プロ野球選手です。その桑田さんの著書の中に，「努力」に関する内容がありました。
　裏の努力——。まさに，生徒に伝えたいと思わせる内容でした。
　そこで，桑田さんの人生の「努力」に関するエピソードを中心に授業を実践しました。

『心の野球——超効率的努力のススメ——』

桑田真澄（幻冬舎）

知る

●資料の概要
　人が見ていないところで，掃除をする，学校のグラウンドの草を抜く，廊下のゴミを拾う……。全て，桑田真澄さんが高校１年生で挫折した後に始めたことだ。誰もができる簡単な「努力」。これが桑田さんを大きく変えることになった。「小さな大エース」と言われた桑田さんの全思考全感覚が凝縮された１冊である。

●脳が活性化する授業づくりのポイント
　憧 多様な努力から可能性を拓いた桑田さんの生き方に憧れる。
　知 「表の努力」に加えて「裏の努力」があるという考えを知る。
　驚 成果に直結する努力ではない，自分の心を鍛える努力の有効性に驚く。
　顧 「裏の努力」が自分には足りなくはないか顧みる。

授業準備度 ★★☆☆☆

ねらい

「表の努力」だけではなく，「裏の努力」もあることを知り，努力していこうとする意欲を高める。　　　（1－③自主・自律と責任）

準備

・『心の野球』
・資料1，2，3，4　生徒数分
・ワークシート　生徒数分

授業の実際（2年で実施）

桑田真澄さんの写真（本の表紙）を生徒に見せた。「知っている人？」と聞くと約半数の生徒が「桑田さん」と知っていたので「正解」と告げた。

❶桑田さんは野球選手として活躍しましたが，どんな実績だったでしょう。

■桑田さんが偉大な選手だったことを知らせる発問である。

生徒2名が知っていて「大リーグに行った」「KKコンビと呼ばれていた」「甲子園5回出場，2回優勝」という答えが返ってきた。そこで，「KKは，桑田のKと清原のKです。2人とも強豪PL学園で1年生からレギュラーでした。チームは甲子園で20勝3敗して，桑田さんはエースでした。甲子園では通算6本のホームランを打って歴代2位の記録をもっています。プロに入ってからは巨人軍のエースとして活躍し，173勝をあげました」と付け足し，板書した。

・大リーグに行った
・PL学園のKKコンビ（桑田・清原）
・甲子園5回出場，2回優勝，2回準優勝
・1年生からレギュラー
・甲子園20勝3敗のエース
・甲子園6本のホームラン（歴代2位）
・巨人軍のエース　173勝

❷桑田さんは身体が小さいし，とてつもなく速い球や，絶対的な決め球があったわけでもないのに成功したのです。なぜでしょうか。

■桑田さんが努力を大切だと考えていることに気づかせる発問である。

生徒から出た意見は「努力」「うまい」「あきらめない」「才能」「運」「環境」などだった。全て板書した。

「桑田さんは成功の理由をどう思っているでしょうか」と問うと多くの生徒が「才能」や「運」を選んだ。理由は，「道徳の授業なので何かありそう」「なんとなく」などだった。「桑田さんは『才能』だと考えています。けれども，何の才能かというと，『努力する』という才能なんです」と言い，資料1を配り，範読した。

【資料1】
　引退して改めて振り返ってみると，僕にはひとつだけ「才能」があった。それは努力を重ねるという才能だ。
　自分の素質，才能などたいしたことはないと思っていたから，試行錯誤を重ねて，努力，努力，努力と，努力をコツコツと積み重ねてきた。　『心の野球』p.17・18より

「なぜ努力を積み重ねることができたかというと『努力の楽しさ』があったからなんです」と言い，資料2（54ページに掲載）を配り範読した。「中学時代は向かうところ敵なしだったのに，実はPL学園に入ってすぐに挫折しました」と言って，資料3を配付し範読した。

【資料3】
　入学式が終わり，野球部志望のみんなと会った。みんな田口君，清原君よりは小さい。でも，すごそうな生徒ばっかりだった。
　「やっぱり，どえらいところに来た」
という思いはより強くなってしまう。
　4月1日という，学年最後に生まれたことでいろいろなことが遅かった劣等感は，中学時代に完全に拭い去ったはずだったが，高校に入学するや，久し

第2章 「知る」この知恵に感銘を受ける

> く忘れていたその劣等感を思い出してしまった。
> 　それは1年の春に顕著に表れた。滝川高校との試合で満塁ホームランを打たれたり，育英高校との試合では4回で7点も取られて負けてしまったのだ。それからはピッチャーとしてではなく，外野の練習に励んでいた。
> 　しばらく外野で球拾い。すでに主力メンバーに入っていた清原君がバッティング練習で飛ばしたボールを，池や屋上へ捜しに行きながら，気持ちが弱くなっていくのを感じた。
> 　　　　　　　　　　前掲書p.58・59より

「まわりにすごい人が多かったので，自分は実力的には今一歩と思ったんですね」と確認した。「この後，『みんな，身体がでっかいのに僕はちっこいし，無理や。野球，やめたいわ』と母親に言いました。母親は『自分がここでやると決めたんでしょ。だったら男らしく，諦めないでがんばりなさい。何もお母さんは，エースとかレギュラーになれって，言っているんじゃないの。メンバーに入らなくてもいいから，3年間，最後まで男らしく，がんばってきなさいよ。補欠だっていいのよ。何が起こるかわからないから，絶対に諦めたらダメよ！』と言って励まし，桑田さんは続けることにしました」と説明を加えた。「男らしくという表現を使われていますが，男も女も一緒ですね」と補足した。

3 この後，桑田さんはどうしたでしょう。
■桑田さんの「裏の努力」につながる発問である。
・あきらめなかった…1名
・運が来るように待った…1名
・ピッチャーをやりたいと言った…6名
・一生懸命練習した…14名
・みんなの練習の後に練習した…2名

「どれも実際ありそうな答えだね。1つは『あきらめなかった』が近いです。もう1つは全然違うことです」と言うと，生徒はえっという感じになった。さらに「『運が来るように待った』が一番近いかな」と言うと，生徒は驚いた。「実は，桑田さんの言葉を使うと，『裏の努力』を始めたのです」と言い「裏の努力」と板書し，様々な努力が綴られた資料4（54ページに掲載）を配付して範読した。

4 桑田さんは高校3年間，「裏の努力」を続けることができました。なぜですか。
■継続できた理由を考えさせる発問である。
・1日のうちの少しの時間だから。
・人の役に立つから。

「これ以外にもありますか？」と言って聞いてみたが答えが出なかった。そこで「続けることで，『努力している』という自信がついたからでしょうね」と付け加えた。
そして以下の2つの発問をした。

5 皆さんは，どんな「裏の努力」ができそうですか。
■自分自身について考える発問である。
・あいさつ。　・掃除。　・ゴミを拾う。

6 もしも「裏の努力」が続けられたら，どんな結果になりますか。
■将来について明るい予想をさせる発問である。
・部活でレギュラー。
・結果がついてくる。
・教室がきれいになる。
・人に感謝される。

授業の感想を書かせて授業を終えた。

【生徒の感想】
・「裏の努力」は思ってもいなかったことなのでびっくりした。何事も「裏の努力」は大切なんだなと思った。
・桑田さんの言っていることは正しいと思った。自分も家などで，桑田選手のような「裏の努力」をしたい。
・実力だけでなく運もある。「裏の努力」をするなど，よい言葉を聞きました。表だけじゃなく「裏の努力」も大切だと思った。

追実践する時に

4は時間をとって,「こんなことをしていても野球がうまくなるわけではないとわかっていながら続けたのはなぜですか」もしくは,「こんなことをしてどんないいことがありますか」の方がよいかもしれない。というのも,生徒が納得していない可能性もあるからだ。この場合,**6**は不要であろう。

資料

●資料2

　小学生時代は4月1日の早生まれということもあり,先生の言うことが理解できない,勉強もできない落ちこぼれだった。野球では落ちこぼれというわけではなかったけれど,3年生のときから6年生のいるチームに入って野球の試合に出ていたから,いじめられた経験もある。できることと言えば,喧嘩だけ。それが,中学生になって努力する楽しみを覚えた。そうすると,それが野球にも活かされてくる。

　努力する姿勢を野球にもち込んで,僕はどんどん上達したと思う。自分で言うのも何だが,中学時代は向かうところ敵なしという感じだった。大会に出れば,5試合に投げて4完封,1完投は当たり前。相手の打球は外野にすら飛ばない。自分でもガンガン打った。

　そして生徒会長を務めたり,小学校の頃からは想像できないほどの優等生として,僕は中学時代を過ごしたのだった。

　この中学時代の経験が,僕に「努力の楽しさ」を教えてくれた。

　やればやっただけ結果が出る。

　努力を重ねたぶんだけ,結果が出るのだ。

『心の野球』p.16・17より

●資料4

　高校の夏の大阪府大会が始まる100日ほど前から逆算して,お参りをする。いつもは朝6時半起床だけれど,春の選抜大会のときなどにPLが行っていた念願の時は6時半からお参りになる。みんなだいたい,6時くらいに起きるのだが,僕は5時半に起きて,一人でトイレ掃除をして,グラウンドの草むしりをして,それからみんなと念願に行った。

　目覚ましで同部屋の先輩やみんなを起こしちゃいけないから,目覚ましが5時半に鳴った瞬間,「リリリリーン」の最初の「リ」くらいで,パッと止めてガバッと起きる。そこからそーっと部屋を抜け出し,トイレ掃除をする。1年生のときなどは,先輩たちのユニフォームの洗濯などで寝るのは深夜1時過ぎだったから,睡眠時間は4時間くらい。でも今日は2階,明日は3階と決めて,毎日,違う場所のトイレを一心不乱に掃除していた。

　当時はほとんどチームメイトも知らなかったと思う。できるだけ見つからないように努めた。人間は多少の秘密をもっているから楽しいのだし,人に見つかってしまうと効力が半減してしまう気もしたからだ。そういう気持ちをもち続けることが,何かを成し遂げる大きな力になると信じていた。

　1年生の大阪府大会4回戦で最高のピッチングをすることができたとき,僕は改めてそのことを実感した。

前掲書p.19より

(栃木県　田中利幸)

第2章 「知る」この知恵に感銘を受ける

|1年|
|2年|
|3年|

落語の中の知恵
大岡裁き「三方一両損」

杓子定規に物事を考えがちな生徒に
人情や知恵も大切だということを知らせる授業

落語に「三方一両損」という話があります。名奉行・大岡越前守(おおおかえちぜんのかみ)の人情的なお裁きで,落としたお金をめぐる難題が無事解決する話です。原則を守ることはもちろん大切ですが,問題解決に人情を加えることで名裁きとなりました。落語の中のそんな素敵な知恵を生徒に考えさせ,心にゆとりをもたせる授業です。

落語「三方一両損」

知る

●資料の概要
　落語の「三方一両損」。落とした3両のお金を譲り合う2人に,「奉行が1両出し,2人に2両ずつを褒美としてつかわす。2人とも,3両が手に入るところが2両となったのだからそれぞれ1両の損。奉行も1両出したのだから1両の損。これ呼んで『三方一両損』なり」という大岡越前守の名裁きである。人情味が加わった大岡裁きのおもしろさを最大限に活かす展開にしたい。

●脳が活性化する授業づくりのポイント
　憧 人情味溢れる柔軟な対応に憧れる。
　知 「三方一両損」という人情味のある対応を知る。
　驚 大岡越前守が損をしてまで対応したことに驚く。
　顧 画一的な解決法しか考えていなかったことはないか顧みる。

授業準備度 ★★☆☆☆

ねらい

物事の判断に人情を加味することで知恵が生まれることを知る。　　（2−②思いやり）

準備

・「三方一両損」の話を印刷した紙
・ワークシート　生徒数分

授業の実際（3年で実施）

「三方一両損」の話を聞かせる。

【あらすじ】
　ある左官屋が、書き付け（書類）と判子と3両が入った財布を拾う。中身から落とし主がわかったので、早速左官屋は財布を届けに行く。
　ところが落とし主の大工は、書き付けと判子は受け取るが、一度落としたお金はもう自分のものではないから持って帰れと受け取らない。
　左官屋は、自分は金が欲しくて届けたのではないと怒り、2人はけんかになる。大家が仲裁に入ったが、おさまらない。結局、それぞれの大家も巻き込んでの大げんかとなり、奉行所に訴え出ることになった。
　お白州（裁きの場）に出た2人は、それぞれ言い分を述べて、自分は金はいらないと言い張る。
　そこで奉行の大岡越前守は……。

■大岡越前守はこの後どうしたと思いますか。

■落語として長く伝わる話の「正解」を考える発問である。

　机間巡視を行うと「裁いた」と書いていた生徒がいたので、「どう裁いたかを書くんだよ」と注意をした。すると「う〜ん」と悩んでいた。意見を発表させたところ、以下の5つの種類が出た。
A　どちらかに3両をあげた。…4名
B　大岡越前守が3両全てもらってしまった。…3名
C　半分ずつの1両半に分けて与えた。…13名
D　大家が大工に謝らせた。…1名
E　半分ずつの1両半に分け、両方の大家にあげた。…2名

「持ち主がいないのでお役所が預かるBや平等に分けるCとEはいいような感じがしますが、大岡越前守は別な方法で解決しました」と言って生徒の反応を見たが、わからないといった表情の生徒が多かった。

■別の方法とは、どんな方法だと思いますか。

■視点に広がりをもたせる発問である。

「もしかしたら」という感じで隣と話す生徒がいたので聞いてみた。すると、「左官屋に1両、大工に1両、大岡越前守に1両ずつ分ければいい」と答えた。他の生徒から「大岡越前守がもらっちゃうのですか」という声があがったので説明した。
「もらわないと言ったお金を2人が1両ずつもらって1両得しました。そして大岡越前守ももらうとすると、これは大岡越前守が個人で使うのではありません。そうではなくて、世のため人のために公共事業で使うとか、寄付するとかすればいいよね。世のため人のために大岡越前守が1両もらって得します。なので、この解決方法を『三方一両得』としましょう」と言って黒板に「三方一両得」と書いた。生徒はなるほどという感じで聞いていた。そこで「なぜみんなは納得したのかな」と問うと、「みんな同じだから」という声が出た。
「しかし、お話では大岡越前守はこの方法はとりませんでした。実はこうしました。2人に褒美として2両ずつあげたのです」と説明した。生徒から「1両足りないのではないですか」という声が出たので次の問いをした。

■足りない1両はどうしたのでしょうか。

■「三両一方損」の考えに導く発問である。

第2章 「知る」この知恵に感銘を受ける

・半分ずつ寄付させた。
・大家さんから半分ずつもらった。
・募金をして集めた。

「いい考えが出てきましたね。答えは、大岡越前守が1両を出したのです」と説明し、次の発問をした。

4 大岡越前守が1両を出すとどうなるでしょう。

■新たな解決方法を考える発問である。

席が近い者同士で話し合わせた。すると何名かがわかったようであった。そこで、「先のアイデアは『三方一両得』でしたよね」と言い、得の字を丸で囲んだ。「これがヒントだよ」と言うと、「なるほど」「わかった」という声があちこちからあがった。

そこでわかったという生徒を指名して、説明をさせた。「大岡越前守は1両を損した。本当なら左官屋、大工は3両受け取れたのに、1両足りない2両をもらった。だから3人とも1両損をしているという意味で同じです」と発表した。

「このことを、今度は何というかな」と問うと、「『三方一両損』と言います」という発言がすぐに出た。黒板に「三方一両損」と書いた。その意味がよく理解できない生徒がいたので、黒板に図を書いて説明した。

5 「三方一両得」と「三方一両損」。どちらがよいと思いますか。

■生徒の考えと長い間語られてきた大岡越前守の考えを対比させる発問である。

・三方一両得…20名
・三方一両損…3名

「なぜ『三方一両得』がいいの？」と聞くと「大岡越前守が大変だ」「損するより得する方がよい」という意見だった。「なぜ『三方一両損』がいいのか」と聞くと「何となくそう思った」という意見だった。

「昔の人がいい裁きだと思ったのは『三方一両損』の方です。大岡越前守が1両出して損するというあたりが、人の心に響いたのでしょう。この話は3両がどちらのものかとい

う『きまり』だけでなく、譲り合いができる2人によい思いをさせたいという大岡越前守が『人情』を加えることで、『三方一両損』という解決方法が生まれたということです。『人情』をよしとした昔の人の『知恵』ですね」と補足した。

授業の感想を書かせて終えた。

【生徒の感想】

・知恵のおかげでハッピーエンドになったので知恵は大切だと思った。ただ勉強しているだけでは知恵は備わらないと思うので、他のことにも興味をもっていろんなことを知ることが必要だと思った。

・解決法には三方一両損と三方一両得があることがわかりました。1人が損をする解決法でも平等になるのはよいなと思いました。

・きまりだけでなく、人情がプラスされることによって「知恵」ができることがわかりました。三方一両損と三方一両得は納得のできる解決法だなと思いました。

・この大岡越前という人はすごいと思いました。この人なら三方一両得という手段も考えていたと思います。しかし、この人は三方一両損を選びました。自分が損をしてもよいという考え方はとても素晴らしいと思いました。僕だったら迷わず得する方を選ぶと思います。僕もこんな人になりたいなと思いました。

・昔の人はいろいろな知恵が働いてすごいと思いました。今の時代にはこういった知恵や人情などが少ないと思うので、増えていくようにならないかなと思いました。

資料

●他の資料について

「三方一両損」の話の問題点は「2人がお金を受け取らない」こと，そこに「大岡越前守が1両出した。奉行も2人も1両ずつ損しているのだから平等」という人情味によって解決。「2人が2両ずつもらう」に至ったというものである。

次の大岡裁きは，有名な「子争い」。「本当の母親はどちらか」という問題に，「子どもが泣いて平気な親はいない」という人情で裁きを下す話である。この資料を後半で使い，昔の人が「人情」を大切にしていたという視点で整理する展開も考えられる。

子争い

ある時，大岡越前守のもとに，2人の女が訴え出てきた。女たちは1人の子どもを連れており，「自分こそ，この子の本当の母親です」と言ってお互い一歩も引かない。

そこで大岡越前守は言った。

「その子の腕を持ち，力いっぱい子を引き合って，勝ったほうを母親とする」

さっそく女たちは子どもの腕を思い切り引っぱりはじめたが，子どもはあまりの痛さに悲鳴をあげて泣き出した。痛がって泣く子を見て，一方の女が思わず手を放した。

勝った女は喜んで，「ありがとうございます。さすが大岡様は名奉行。自分こそが母親でございます」と，いそいそと子を連れて退出しようとした。その時，大岡越前守は，その女を呼び止めた。

「待つがよい。その子の本当の母親は，手を放したほうの女じゃ。そのほうは立ち去れ」

勝った女はあっけにとられ，「なぜでございましょう。大岡様は，勝った者が母親だとおっしゃったではありませぬか」と詰め寄った。

「黙るがよい。本当の母親なら，あのように痛がって泣いている子の腕をなおも引くものか。痛がる子のため，手を放した女こそ，本当の母親である」

大岡越前守の言葉に，女は一言も返すことができなかった。

（栃木県　田中利幸）

第2章 「知る」この知恵に感銘を受ける

1年
2年
3年

協調性とは何か
生まれ出づる仕事

「協調性がない」と言って，他の人を非難する生徒に人の長所を見いだして協力し合う心を育てる授業

　合唱コンクールや文化祭など，学級がひとつにまとまらないと成功しない行事があります。しかし，学級の中には，協調性がなく取り組みに参加しない生徒が出てくることがあります。まじめに取り組んでいる生徒は，その生徒を非難し，時には排除してしまう場合もあります。そんな時，「どうしてその人はそのような行動をとるのか」「そういう人をどのようにすれば巻き込んでいけるのか」と考えられるような生徒になってほしいと願い，創った授業です。

『総務部総務課山口六平太 30―夢と現実―』より 第7話「生まれ出づる仕事」

林 律雄・作　高井研一郎・画（小学館）

知る

●資料の概要
　架空の自動車会社・大日自動車の総務部総務課を舞台に"スーパー総務マン"山口六平太の日常を描く漫画である。資料に取り上げた「生まれ出づる仕事」には，仕事の場でまわりとうまくやれない3人が配置転換により生き生きと仕事を始める様子が描かれている。

●脳が活性化する授業づくりのポイント
- (宣) 個性を生かして幸せになる3人や，プロデュースした六平太の力量に憧れる。
- (知) 協調性を求めるのではなく，その人の個性を生かすという知恵を知る。
- (驚) 個性を生かすことで人が輝きを放つことに驚く。
- (顧) 改めて自分の適性について顧みる。

（ⓒ林 律雄／高井研一郎／小学館）

授業準備度 ★★★☆☆

ねらい

人のよいところを見つけて一緒に行動できるように考える。　　　　（2－②思いやり）

準備

- 『総務部総務課山口六平太 30』より
  漫画1　（p.126～p.133）
  漫画2　（p.134～p.144）
  漫画3　（3人の変化した姿）
- ワークシート　生徒数分
- パソコンとプロジェクター

授業の実際（2年で実施）

「"協調性"という言葉を聞いたことがありますか。性格や考え方などの異なった者同士が、互いにゆずりあって調和していこうとすることです」と説明し、最初の発問をした。

1 自分は協調性があると思いますか。次の4つから選びワークシートに書きましょう。

ア．あると思う。
イ．どちらかと言えばあるほうだ。
ウ．どちらかと言えばないほうだ。
エ．ないだろう。

■自分に協調性があるかどうか考えさせる発問、そして指示である。

「発表はさせないから、正直に答えてください」と言い、生徒には聞くことはしなかった。後で集めたワークシートを見ると、イが多かった。

漫画1を提示した。生徒は黙って読み出した。
行動が遅く「トロい」と言われている大山さん、気が強く「ヤンママ」と言われている三田さん、仕事の失敗から心を閉ざし無気力になったがプライドは高い朝岡さんを、六平太があるところに連れて行くカットから始まっている。3人は会社内でまわりとうまくなじむことができないでいる。

会社に邪魔者扱いされて異動になると思い、六平太に文句を言う3人。

『総務部総務課山口六平太 30』p.133より

2 この3人のような人がクラスにいたら、あなたは仲間として活動ができますか。また、そう思う理由は何ですか。

■集団になじめない人がクラスにいたらと考える発問である。

【大山さん】
　〇できる
　・本人は頑張ろうとしているから。
　・責任感はある。
　×できない
　・トロいから。　　・迷惑がかかる。

【三田さん】
　〇できる
　・性格にあった仕事があるはず。
　・信頼できる友人がいたら大丈夫。
　・自己主張ができる。
　×できない
　・トラブルになる。　　・こわい。
　・会社内のルールを守らない。

【朝岡さん】
　〇できる
　・心を開いてもらえればいいのだが。
　×できない
　・本人にやる気がない。
　・プライドが高い。
　・うじうじしている。
　・文句ばかり言っている。
　・気が合いそうにない。　　・非協力的。

3 この3人にふさわしい仕事とは、どんな仕事でしょう。

第2章 「知る」この知恵に感銘を受ける

■集団になじめなさそうな人にも，ふさわしい仕事があることに気づかせる発問である。生徒の仕事観もわかる。

大山さん，三田さん，朝岡さんの適職は次のような職業があげられた。

【大山さん】
・小物づくり　・図書館司書　・手芸家
・保育士　・バスガイド

【三田さん】
・警察官　・レスリング選手
・格闘技選手　・スポーツ選手
・ボクシング選手

【朝岡さん】
・農業　・事務　・裁判官　・ない

「この後，六平太が3人をあるところに連れて行ったようですね」と言い，次の発問をした。

4 この3人は，どこに，何をしに連れて行かれたのでしょうか。次の4つから選びましょう。

ア．退職させるため，その手続きに連れて行かれた。
イ．次の仕事を紹介するため，ハローワークに連れて行かれた。
ウ．今までの仕事とは全く違う部署に移るため，その場所に連れて行かれた。
エ．その他の考え。

■資料の展開に興味をもたせるための発問，そして指示である。

アが4名，イが21名，ウが8名，エが2名であった。理由はイ，ウとも共通していて，「その人にあった仕事があるから」というものが多かった。「六平太は優しいから退職はさせない」という理由もあった。

漫画2を提示した。生徒は黙って読み始めた。3人が連れて行かれたのは，社員が利用する老人福祉施設であった。そこで自分の個性や持ち味（大山さんはスローな行動，三田さんはおしゃれ好き，朝岡さんは頼られると喜ぶ性格）を生かして活躍する3人の姿が描かれている。拡大した漫画3（62ページに掲載）を提示した。自分の持ち味を生かすことで変わっていった3人の姿を見せると，生徒の表情も穏やかになっていた。

5 この3人にとって異動はどうだったと思いますか。次の4つから選びましょう。また，そう思う理由は何ですか。

ア．大変よかった。
イ．ますます悪くなった。
ウ．あまり変わらなかった。

■人にはそれぞれが活躍できる場があることを考えさせる発問である。

アがほとんどであった。理由は「それぞれの長所が生かされて楽しそうだったから」「自分の個性が生かせる仕事があってよかった」「仕事をしている時の顔が生き生きとしていたから」などがあげられた。

6 協調性がないと思う人は，この漫画からどんなことが学べるでしょうか。

■授業のまとめの発問である。

・人には一人ひとりいろんな個性があって，その個性を誰もがいろんな場所で使っていくといい。
・自分のペースでやることが大切だと思う。自分ができることから少しずつすることが一番大切だと思う。

「協調性のない人は，いろいろな理由もあるでしょうが，まずはまわりに合わせる努力から始めてみてはどうでしょうか。まわりから見ると，この漫画に出てきた3人のように見えているのですよ」と生徒の意見に不足していた「合わせる」という視点を補足した。

7 協調性のない人に対しては，どうしたらよいでしょうか。

■授業のまとめであり，人の生き方を考えさせる発問である。

・人のいいところを見つけ出せれば，けっこういろんなことが上手くいくなと思えた。人のいいところを見つける努力をする！

「まわりの人は，最初からその人を外すのではなく，その人の持ち味やよい面があると信じて，話しかけてみてはどうでしょうか」と行動を起こすことを提案し，授業の感想を書かせて授業を終えた。

資料

●漫画3 自分の持ち味を生かし，変わった3人の姿

大山さん	三田さん	朝岡さん
前掲書p.143より	前掲書p.144より	前掲書p.144より

授業実践を終えて

■授業の感想

- この授業で「協調性は大切」だと宣言できるようになった。協調性がなく固まっている人を見かけたら，その人のよいところを見つけ，生かしてあげたい。それと声をかけて誘ってあげたい。協調性を身につけ，よい人間になったり，協調性がない人を見事に救えるような人間になれるように一歩ずつ前に進みたい。
- 人の悪いところだけを見つけて，それを笑っていた。しかし，この授業を受けて，それは前の自分であり，今ではその人がどうすればよくなるか，またその人に何と言えば協力してもらえるかなどを考えるようになった。しっかり人にアドバイスをし，いい意見を交わし，みんなで協力して合唱祭を盛り上げたいと思った。
- 3人のいいところが発揮できてよかったと思う。どこかにこういう人がいるけれど，もしかしたらまわりから見れば，自分もそういう風に見られているのかなーと思ったりもする。まあ人と付き合っていくことで友達の欠点を見つけたら，その欠点がいい風に役立つように支えていってあげられたらいいなあと思った。
- 漫画で進めていくとわかりやすい。大山さんのスローなところが私と重なるなあと思った。無気力だった人（朝岡さん）も自分のしたいことを見つけられて楽しそうだった。悪いところはたくさん見つけられても，よいところはその人をよく見ていないと見つけられない。どうしても悪いところばかりに目を向けてしまうから，仲良くなれないんだと思う。まわりの人も本人も前向きに考えられたらいいと思う。
- 人の欠点を見つけるのは簡単だけれど，人のよさを見つけるのは大変。でも，人のよさを生かせば，みんなが楽しくなるから，そういうクラスにしていきたい。
- 今日の漫画を読んで3人とも，これから先も楽しいと思える人になれると思う。いろんなことで協力が大切だということがわかった。

（鹿児島県　原口栄一）

第2章 「知る」この知恵に感銘を受ける

1年
2年
3年

人間の素晴らしさに気づく

ヒトの特長を考える

自己肯定感をなかなかもてない生徒に
人間ってよいものだと思える体験を増やす授業

　人間のよさとは何でしょう？　かなり哲学的な問いかけです。しかし，中学生ともなれば，「人間とは何か？」ということも考えてほしいものです。
　さらに，最近の中学生は「自己肯定感が低い」とよく言われます。自己肯定感を高めるためには，自分のよさに気づくことが必要です。そのためにも，やはり「人間とは何か？」ということを考えてほしい――。
　そこで，サルとの比較や古今の名言を通して人間のよさに気づかせる授業を考えてみました。

『女子中学生の科学（サイエンス）』

清　邦彦（静岡新聞社）

『座右の銘―意義ある人生のために―』

「座右の銘」研究会・編（里文出版）

知る

●資料の概要
　『女子中学生の科学』は，静岡県にある私立中学生が素朴な疑問に対して出した珍答・名答を集めた本。理科の資料としても活用できる。また，同じ中学生の回答なので，生徒にとっても親しみがもてる。授業を受ける生徒の思考を促す資料として用意した。
　『座右の銘』は古今東西の様々な名言を集めた，いわば「名言アンソロジー」とでもいうべき本。道徳授業のまとめなどに使える1冊。

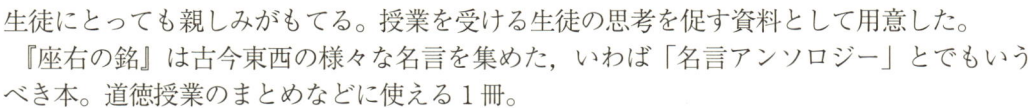

●脳が活性化する授業づくりのポイント
　憧　格言の中に表現される人間らしさに憧れる。
　知　ヒトとサルの比較から人間のよさを改めて知る。
　驚　他の人の価値観に触れ，意外性に驚く。
　顧　考えてみた人間のよさを当てはめ，自分の生き方を顧みる。

授業準備度 ★★☆☆☆

ねらい

人間の特長を考えることで，人間のよさに気づき，自己肯定感を高める。
（1－⑤自己理解と向上心・個性の伸長）

準備

・ニホンザルの写真を大きく印刷したもの
・ワークシート　生徒数分
・「世界の名言」プリント　生徒数分

授業の実際（2年で実施）

授業開始後すぐに次のように発問した。

1 君たちは「ヒト」ですか。

■意表を突き，授業に集中させる発問である。

生徒は，「どういうこと？」「なんでそんなこと聞くの？」「当たり前だ」などつぶやいた。しかし，ここでは，導入なのであまり深入りせずに授業を進めた。「ヒトはサルが進化したといわれていますね」と説明し，黒板にニホンザルの写真を提示した。

2 サルとヒトの違いは何でしょう。

■人間のよさに気づかせる発問である。

1人3つ以上考え，ワークシートに記入するよう指示した。思いついたことをたくさん書かせた。考えのまとまらない生徒にはニホンザルの写真を見せて，助言を与えた。

次に4人グループをつくらせた。生活班は5～7人であり，なかなか議論が深まらない。人数が多すぎると依存度が高まり，意見を言わない生徒もいるからである。各グループで以下の条件の意見を3つ選ばせ，発表させた。

①たった1つしか出なかった意見
②全員から出された意見
③他のグループで出ないと思われる意見

なお，生徒には「○○なのがサル。○○なのがヒト」の形で発表させた。

生徒から，以下のような意見が出された。
・道具をつくれないのがサル。道具をつくれるのがヒト。
・全身に毛が生えているのがサル。一部に生えているのがヒト。
・言葉をもっていないのがサル。言葉をもっているのがヒト。
・二足歩行しないのがサル。二足歩行するのがヒト。
・感情をもっていないのがサル。感情をもっているのがヒト。

全グループの意見を板書した。

その後，「君たちと同じ疑問について答えを考えた中学生がいます。静岡の雙葉中学校の生徒たちです」と話し，生徒の発表では出なかった意見を追加して説明した。

・しっぽがあるのがサル，ないのがヒト。
・ひたいの食い込みが激しいほどサル。激しくないのがヒト。
・火を使えないのがサル。使えるのがヒト。

『女子中学生の科学』p.40を参考に授業者が作成

生徒の答えには科学的には正しくないものもあった。その点については口頭で説明しながら，板書は生徒の答えをそのまま書いた。本授業はサルとヒトの科学的な違いを学ぶことがねらいではないからだ。

3 ここにあるサルとヒトの違いを2つに分けるとどうなりますか。

■人間の内面の特長に気づかせる発問である。

「見てわかる違いと見えない違いで分けられる」と気づく生徒がいたので，生徒に意見を言わせながら，以下のように分類し板書をした。

●見てわかる違い（外見）
・全身に毛が生えているか
・しっぽがあるか
・二足歩行をするか
・ひたいの食い込みが激しいか

●見えない違い（内面）
・感情をもっているか
・言葉をもっているか
・道具を作れるか
・火を使えるか

4 人間の特長とは何でしょうか。
■ここまでのまとめをする発問である。

とても哲学的で難解な発問なので，すぐ下の資料を提示した。また，人間の「特長」であって，「特徴」ではないことに注目させた。「特長」とは，「特にすぐれたところ『広辞苑第6版』」である。

「『人間とは何か』という疑問は，実はとても難しいものです。ですから，それに関する世界の名言を参考に考えてみましょう」と話し，以下のプリントを配付した。

【世界の名言】
① 人間は笑うという才能によって，他のすべての生物よりすぐれている。
　　　　　　　　　　　　　　アディソン
② 人間は考えるために生まれている。
　　　　　　　　　　　　　　パスカル
③ 人間であるということは，責任を持つことにほかならない。
　　　　　　　　　　　　サン・テグジュペリ
④ 人間は道具を使う動物である。
　　　　　　　　　　　　　　カーライル
⑤ 人間だけが赤面できる動物である。あるいはそうする必要のある動物である。
　　　　　　　　　　　トーマス・ハックスリ
⑥ 諸君がもしその読み方を知っているとすれば，人間はすべて1冊の書物である。
　　　　　　　　　　　　　　チャニング
⑦ 人間は自由であり，つねに自分自身の選択によって行動すべきものである。
　　　　　　　　　　　　　　サルトル
⑧ 人間とは，自分の運命を支配する自由な者のことである。　マルクス
⑨ 自然は回転するが，人間は前進する。
　　　　　　　　　　　　　　ヤング
『座右の銘』p.66・67・69より

生徒の多くは「なるほど」と感じていたようであった。「いくつかは知っている」という声があがった。

5 どの言葉に心を動かされましたか。
■人間の特長に迫る発問である。

挙手や発表ではなく近くの者同士で話し合わせた。中には，「自分たちと同じことを言っている名言がある」と気がつく生徒もいた。

6 名言の中で「これなら人間である」と自信をもって言えるのは何番ですか。
■人間の特長の自覚に迫る発問である。

1つ選ばせてプリントに○印をつけさせ，近くの者同士で話し合わせた。

7 名言の中で「この特長に関しては自分は自信がない」と思うのは何番ですか。
■人間の特長の自覚に迫る発問である。

これも1つ選ばせてプリントに○印をつけさせ，近くの者同士で話し合わせた。

8 人間としての自分を振り返り，感想を書きましょう。
■本授業のまとめになる発問である。

「自分たちで『人間とは何か』という名言をつくってみましょう」と言い，ワークシートに書かせた。その文章から，生徒が人間の内面をきちんと見つめていたことがうかがえた。

最後に「もちろん，みんなは人間です。ただの人間として生きるのではなく，よりよい人間として生きてほしい。では，どういう人間がよりよいのか。答えは1つではありません。これからずっと考えてほしい問題です」といって授業を終えた。生徒は，この授業を通して，人間である自分のよさに気がついたようだ。休み時間に軽はずみな行動をしている友達に「それって人間としてどうなんだ？」というような会話が聞こえてきた。

『生徒がつくった"人間とは何か"名言集』は，後日発表した。

授業実践を終えて

■『生徒がつくった"人間とは何か"名言集』

- 人は笑うから，人間である。
- 人は自由だから，人間である。
- 人は仲間とお互いに高めあうことができるから，人間だ。
- 人は困難や無理に挑戦できるから，人間だ。
- 人は辺りの環境を住みやすく変えてしまうから，人間である。
- 人は助け合えるから，人間だ。
- 人は失敗から成功を生むから，人間である。
- 人は成長することにより，様々なことを学べるから，人間だ。
- 人は笑い，悲しむことができるから，人間だ。
- 人は楽しいことも，苦しいこともあるから，人間だ。
- 人は人生を決められるから，人間だ。
- 人は心という感情をもっているから，人間だ。
- 人は運命を変えられるから，人間だ。
- 人は感謝したり，されたりするから，人間なんだ。
- 人は相手の気持ちを考えられ，毎日進化しているから，人間だ。
- 人は人生を楽しむ生き物だから，人間だ。
- 人は迷えるから，人間だ。
- 人は意見を共感できる仲間がいるから，人間だ。
- 人は笑顔で誰かを幸せにできるから，人間だ。
- 人は支えあえるから，人間だ。
- 人は表情があるから，人間だ。
- 人は考えるために生まれたから，人間だ。

「人は〜だから，人間だ」の形で名言をつくらせた。生徒がつくった「名言」は全て人間の内面を見つめたものになった。特別に内面を書きなさいと指示したわけではない。しかし，世界の名言を参考にさせることにより，人間の内面に触れた名言集になった。資料を提示することで，生徒の思考を深化させることができた。資料の提示の仕方や意味を授業者としても考え直す好機になった。

■同僚教師の反応

実は，授業化する際，とても不安だった。中学生にしては，抽象的すぎて難解なのではないかと思えたからだ。そんな時，学年の同僚教師から「おもしろそう。やってみましょう」という意見が出され，学年の全クラスで実施することができた授業である。そして，実施した結果，生徒の感想は好意的であった。また，学年の先生方からも好意的な感想をいただいた。

道徳授業は，生徒にとって有効であるのはもちろんだが，学年の教師の「和」をつくる働きもある。道徳授業の可能性の大きさを実感した授業であった。

(東京都　合田淳郎)

第2章 「知る」この知恵に感銘を受ける

| 1年 |
| 2年 |
| **3年** |

時間の有限さを実感する
時間銀行

「時間は無限にある」と感じている生徒に
有意義な中学校生活を過ごす意欲をもたせる授業

　中学校は3年間で生徒を育てます。そのため教師は「3年間」という「時間」を意識しながら指導します。ところが，多くの生徒は「時間」を意識することなく無為に過ごし，卒業時になって「あの時，ああしておけばよかった」と後悔することがあります。時間の感覚をきちんともっていないと，有意義な時間を過ごすことはできません。しかし，時間の感覚を指導するのは，なかなか難しいのではないでしょうか。
　そこで，時間の価値を「お金」に置き換えて考えさせます。中学校3年間の時間を有意義に過ごすきっかけにしたいと創った授業です。

『人生の時間銀行 ―あした元気になるために―』
吉田浩・著　おかのきんや・企画　小倉淳・監修（ニッポン放送発行・扶桑社発売）

知る

●資料の概要
　「時間銀行」は，作者がわからない。本書はもとになったメールに新たな文章を付け加え，写真絵本としてできた資料である。本実践では活用しなかったが，資料に載せられた多くの美しい写真を取り込み，プロジェクターなどで投影して授業に使うことも可能であろう。

●脳が活性化する授業づくりのポイント
　憧 時間を大切にできる人生に憧れる。
　知 時間の価値をお金と置き換えて考えることにより，より実感をもって時間のありがたさを知る。
　驚 時間の有限性，そして不可逆性を自覚してその価値に驚く。
　顧 自分の生活時間を見直す活動を通して，自らの生活を顧みる。

授業準備度 ★★☆☆☆

ねらい

時間の大切さを理解し，周囲に流されず，有意義に中学校生活を過ごす意欲をもつ。
（1－②希望・強い意志）

準備

・円グラフを描いたワークシート　生徒数分
・資料1，2，3，4　生徒数分

授業の実際（2年で実施）

「ここに86400円あるとします」と前置きをして最初の発問をした。

■1 86400円あったら，どんなことに使いたいですか。
　■86400円という金額に興味をもたせる導入の発問である。

生徒は唐突な「86400円」という額に疑問を感じたようだ。「なんで86400円なんですか」という質問が出たが，ここではあえて答えは言わなかった。

「86400円の使い道を考えて，各自ワークシートに書きなさい」と指示をした。中学生にとっては高額な「86400円」をどう使うか，楽しそうに考え始めた。「全て貯金する」と書いた生徒がいたので「このお金は貯められません。使わないと翌日には0円になるそうです」と説明すると，「えっ」と言って，書き換えていた。机間巡視の中で意見を確認し，全員起立させ，「1人ずつ86400円の使い道を発表してもらいます。同じ意見でも構いません。発表したら着席しなさい」と指示をした。生徒は次のような発言をした。

・ゲームソフトを買う。
・宝くじを買う。
・みんなにごちそうする。
・旅行に行く。
・好きなものを買いまくる。
・漫画や本を買う。

■2 なぜ「86400円」だと思いますか。
　■資料につなげる発問である。

よくわからない生徒がほとんどであった。「86400円の意味は，次の資料に書いてあります」と言って，資料1を配付した。そして教師が範読した。

【資料1】

あなたは，1冊の預金通帳を持っています。その通帳には，毎朝，銀行から86400円※が振り込まれます。しかし，夜には，口座の残高は空っぽになってしまいます。つまり，86400円のうち，あなたがその日に使いきらなかったお金は，すべて消えてしまうのです。

あなただったらどうしますか？ もちろん，毎日，全額を引き出して使いますよね？

私たちは，ひとりひとりが同じような銀行を持っています。

それは，＜時間＞です。1日の始まりに，あなたには，86400秒が与えられます。1日の終わりに，あなたが使いきれなかった時間は消えてしまいます。時間は，貯めておくことができません。時間は，貸し出すことも，あげることもできません。もし，その日の預金を使いきれなければ，あなたは大変な損をしたことになります。

※原文では「ドル」だが，理解しやすくするため，授業では「円」と表記した。
『人生の時間銀行』p.4～7より

生徒は静かに教師の読み聞かせを聞いていた。資料1を読み終え，下記のように板書した。

> 1日＝24時間
> 24時間＝1440分
> 1440分＝86400秒

生徒は，「86400円」が1日の時間を表していると知り，「なるほど」と納得していた。生徒から「1日ってそんなにあったんだ」などの感想が出された。

ここで，1日の過ごし方を振り返らせるた

めに作業をさせた。昨日を思い出させながら，1日の時刻が印刷された円グラフを描いたワークシートに，起床・登校・帰宅・就寝の時刻を書き込ませた。次にテレビ番組の視聴の時間や，インターネットやメールにかけた時間，さらに，学習塾や習い事，夕食，入浴，家庭学習などの時間も入れさせた。

円グラフが完成すると，あちこちで自分の時間の使い方についての反省の声が聞かれたので，円グラフの横に感想を簡単に書かせた。

3 時間を上手に使い切れない人とは，どんな人だと思いますか。

■資料2につなげる発問である。

生徒からは「ぼーっとしている人」「いやなことをさせられている人」などの意見が出された。ここではあまり時間を使わず，資料2を配付した。

【資料2】

時間銀行のお金を使いきれない人は，こんな人です。

「忙しい，忙しい」が口ぐせの人。

「明日やるから」と先のばしにする人。

「あのとき，こうしていれば」と悔やむ人。

「時間がない」と言う人は，時間の使い方のへたな人です。こんな人は，一生，時間と友だちになれないでしょう。

時間の使い方のへたな人は，よく<時間泥棒>になります。待ち合わせの時間には，必ず遅れてきます。忙しいときにかぎって，どうでもいい電話をかけてきます。

前掲書p.8〜11より

---

4 逆に時間を大切に使える人はどんな人でしょう。

■資料3につなげる発問である。同時に時間を大切している人の存在を具体的に想起させる発問である。

やや，難しいので，「1年，1ヵ月，1週間，1日，1時間，1分，1秒，0.1秒を大切にしている人はどんな人でしょうか。それぞれ考えましょう」と補助発問をした。

班で話し合わせて発表させ，意見を板書にまとめた。なかなか思い当たらないものもあった。特に「1時間」，「1分」はなかなか意見が出なかった。生徒の時間感覚にないのだろう。資料3を配付した。

【資料3】

1年の価値を理解するには，入学試験に失敗した学生に聞いてみるといいでしょう。

1カ月の価値を理解するには，お腹にあかちゃんのいる母親に聞いてみるといいでしょう。

1週間の価値を理解するには，週刊誌の編集者に聞いてみるといいでしょう。

1時間の価値を理解するには，待ち合わせをしている恋人たちに聞いてみるといいでしょう。

1分の価値を理解するには，ちょうど電車を乗り過ごした人に聞いてみるといいでしょう。

1秒の価値を理解するには，たった今，事故を避けることができた人に聞いてみるといいでしょう。

0.1秒の価値を理解するためには，オリンピックで銀メダルに終わってしまった人に聞いてみるといいでしょう。あらゆる陸上競技の選手と，あらゆる水上競技の選手が，たった0.1秒を縮めるために，何万時間と練習をしています。

前掲書p.20〜27より

生徒からは自分たちの予測と比較し，「同じだ」「やっぱり」「なるほど！」などの反応があった。

資料4（70ページに掲載）を配付し，範読した。

最後に授業の感想を書かせ，授業を終えた。静かな余韻が残る授業になった。

資料

●資料4
　時間の砂は落ち続けています。あともどりさせることはできません。あなたは、「今」を生きなければなりません。（中略）最後に、これは怖ろしいことですが、真実を伝えます。時間が、過ぎ去っていくのではありません。私たちが、過ぎ去っていくのです。私たちは、悠久の時間の流れのなかに、ほんの一瞬、存在するにすぎません。それこそ、花火のような人生です。しかし、命のきらめきは終わりません。遺伝子の火種は、次の世代に手渡されます。つまり、あなたが今を生きるということは、命の炎のバトンタッチをしているということなのです。あなたは、次の命の火を灯す、大事な大事なリレーの選手です。そして、今、未来に向かって走り続けているのです。昨日、あなたの口座には、奇跡的に86400円が振り込まれました。あなたは、何に使いましたか？

『人生の時間銀行』p.52,54〜58より

授業実践を終えて

■時間に関する名言

授業の終末に以下の「名言」を使うことも可能である。

> 「明日の2日よりも、今日の1日」
> 「時はよく使える者に、親切である」
> 「短い人生は、時間の無駄遣いでもっと短くなる」
> 「時間の価値を知らない人は、成功しない」
> 「時間の使い方が下手な人に限って、その短さに文句を言う」
> 「お前がいつの日か出会う災いは、お前がいつかおろそかにした時間の報いだ」
> 「時間がたつのが早いと思うのは、人生というものがわかってきたからだ」
> 「グズグズしていることは、時間を盗まれることである」

■生徒の感想

・努力の末に成功し活躍している人たちは、みんな時間の大切さをよく知っている人だと思った。これからは時間を上手に使って生活したい。
・1日は長い、1週間はもっと長いと思っていた私はまだ人生がわかってないんだなあと思った。
・1分でも1秒でも時間を大切に使えば、きっと後悔せず、楽しく人生を過ごせると思った。
・大切に時間を使うための目標や夢を見つけたい。
・何気なく毎日を過ごしていたけれど、その時間はいろいろな人にとって、命のように大切で、また自分にとっても大切な時間であると改めて実感した。

■時間の大切さをテーマにした授業

　本実践の他に時間の大切さを実感させる授業として、「1秒の言葉」がある。この授業は『とっておきの道徳授業Ⅱ』に掲載されて、広く追実践されている。また、『中学校とっておきの道徳授業Ⅷ』の「時間は命」も参考にされたい。そちらでは、1週間の時間の使い方から始めて、一生の時間の使い方に気づかせている。今回の実践では、1日の時間の使い方に限定した。

(東京都　合田淳郎)

第2章 「知る」この知恵に感銘を受ける

| 1年 |
| 2年 |
| **3年** |

前向きに生きる，その秘訣
自立型思考でいこう

自信がもてないでなげやりになっている生徒に
前向きに生きるきっかけを与える授業

　何かというと「ムリ！」と言う中学生が増えてきたような気がします。自分にはたくさんの可能性があるのに，自己否定しているのです。学級でも，行事に向かう前にすぐに「ムリ！」と言って，前向きに取り組まない生徒がいます。そんな生徒がいると，学級の雰囲気も沈滞してしまいます。職場体験や合唱コンクールなどに前向きに取り組んでほしい──。自分がもつ可能性を発揮してほしい──。そんな願いを込めて創った授業です。

『夢を叶える──不可能を可能にする自立型思考のバイブル──』

福島正伸（ダイヤモンド社）

知る

●**資料の概要**
　資料はいわゆる「ビジネス本」。しかし，人間としての生き方をわかりやすく述べている。「自立型思考」の大切さについて，実話を例に挙げて述べている部分を中心に資料化した。職場体験などを経験した生徒にはよりわかりやすい。また，生徒にも親しみのある「ギネスブック」の記録に込められた「人間肯定」のメッセージを終末に置き，ねらいの明確化をはかった。

●**脳が活性化する授業づくりのポイント**
　憧 自立型思考で生きていく姿に憧れる。
　知 思考に自立型と依存型があることを知る。
　驚 ギネスの3つ目の条件に驚く。
　顧 自立型思考で生きているか顧みる。

授業準備度 ★☆☆☆☆

ねらい

自己実現を可能にする「自立型思考」の生き方を知り,前向きに生きるきっかけとする。
（1－④真理・真実・理想の追求）

準備

・資料1，2，3　生徒数分
・ワークシート　生徒数分

授業の実際（2年で実施）

合唱コンクールの練習に入る前に実施した。何となく合唱コンクールに対して前向きになれない生徒が多く，学級が停滞した雰囲気になっていた。あえて，導入部を割愛し，いきなり資料を配付して授業を始めた。生徒に，いつもの授業とは違う感じをもたせたかったのである。資料1を配付し，範読した。

【資料1】
　ある学生が，ガソリンスタンドで毎日アルバイトをしていました。
　生活は何とか自分の力でできていました。しかし，毎日アルバイトをしていたのでは，どうしても勉強が遅れてしまいます。
　仕方なく彼は，ガソリンスタンドの経営者に，頼んでみました。
「週休3日にしてほしいんですが」
　収入が減って，生活が苦しくなることも覚悟しての要望でしたが，経営者からの答えは厳しいものでした。
「冗談じゃない！　そんな中途半端に出勤されたんでは困る！」
『夢を叶える』p.214・215より

1 この大学生はどうしたと思いますか。
　■人物への関心を高め，職場体験などでの体験を想起させる発問である。
　はじめは，各自で考えさせた。その後4人グループで考えを発表し合った。「違うバイトを探す」「我慢して，経営者の指示に従う」「何とか勉強する時間をつくる」などの意見が出された。しかし，実際に資料1の大学生がとった行動は出なかった。資料2を配付した。

【資料2】
　彼は，どうやってこの事態を乗り切るか考えました。
　週休3日のアルバイトを他に見つけるか，それとも，今のアルバイトを続けながら，空き時間をうまく活用して，少しでも勉強するようにするか。
　いろいろ悩んでいるうちに，アルバイト先のガソリンスタンドの経営が赤字であることに目を付けます。
　そこで彼は，経営者に次のような提案をしました。
「もし，3カ月後にお店を黒字にしたら，4カ月目から，週休3日にしてもらえませんか」
　この提案に，経営者が反対するわけがありません。
「そんなことできるとは思えないが，もしそうなったら喜んで，週休3日にでも4日にでもしよう」
　その日から，彼の仕事の内容はまったく変わりました。
前掲書p.215・216より

「なんと，大学生は，見事にこのガソリンスタンドの売り上げを黒字に変えてしまうのです」と言って，次の発問をした。

2 大学生はどうやって赤字のガソリンスタンドを黒字に変えたのでしょう。
　■大学生の前向きな取り組みを想像し，生徒間で意見を交流させる発問である。
「黒字に変えた方法を4人グループで話し合い，なるべく多く考えなさい」と話した。なかなかいい考えが出ないグループには助言を与えた。「今までの3倍集中して働いた」「勤務時間を長くした」「この大学生の友人にボランティアで働いてもらった」などの意見が発

表された。
「残念ですが，この大学生がとった作戦とは違います」と言って，資料3（74ページに掲載）を配付し，範読した。最後の「週休3日でも給与は今まで通り」という部分を読み上げると，生徒から「すごーい」という声があがった。

3 大学生のどこがすごいと思いますか。
■「自立型思考」に気づかせる発問である。
・工夫して努力したこと。
・あきらめなかったこと。
・仲間を変えたこと。

そこで，「自分が変わることで，問題を解決し，まわりも変えていく考え方を，『自立型思考』とします。反対に，環境や他の人に期待する考え方を『依存型思考』とします」と，「自立型思考」，「依存型思考」を説明した。
「この大学生は，問題をまわりのせいにしないで，『自分の行動』を変えることによって解決していました。つまり，『自立型思考』をしたのです」と説明した。「これは何も大学生だからできることではありません。中学生でも同じです」と言って，下記の図を示して説明をした。

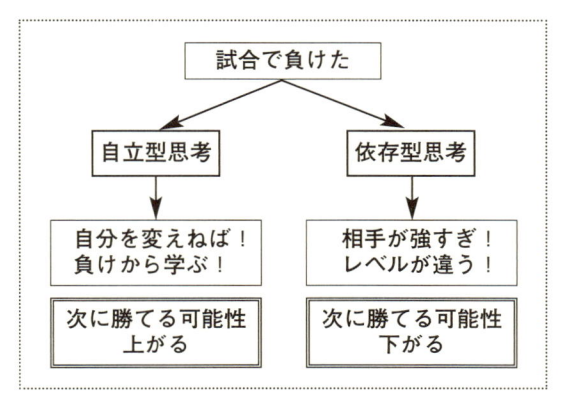

```
         試合で負けた
        ／        ＼
   自立型思考      依存型思考
      ↓              ↓
  自分を変えねば！  相手が強すぎ！
  負けから学ぶ！    レベルが違う！
      ↓              ↓
  次に勝てる可能性  次に勝てる可能性
     上がる          下がる
```

生徒にはワークシートにある同じ図に書き込みをさせた。後に授業の感想で確認できたが，多くの生徒はここで合唱コンクールや部活の試合のことを考えていた。

続いて，「自分の成功した姿を思い浮かべてみましょう。○○大会で優勝した自分とか，○○高校に合格した自分など，はっきりした自分の姿です。そしてワークシートに『○○した自分』と書きなさい」と指示をした。3分で書かせ，次の発問をした。

4 その成功した自分になるために毎日何が必要ですか。自立型思考の立場で10項目考えなさい。
■とにかく数多く考えさせる発問である。

箇条書きにするように指示をした。考えつかない生徒には教師からヒントを出した。
・2時間勉強する。　・朝5時に起きる。
・テレビは1時間以内。
・ゲームは30分以内。
・図書室の本を毎日30ページ読む。
・授業で必ず質問する。
・参考書を4ページやる。

「今書いた10項目を分類します」と言い，今日から実行できるものに○，無理だと思うものに×を付けさせた。そして「○が付いた項目を実行してごらん。きっと夢がかなうから」と説明した。

「とはいっても，『どうせだめだよ』とか『できるわけない』って思う時もあります。でも，考えてみましょう。『ギネスブック』って知っていますね。ギネスブックに載るためには，3つの基準をクリアしなくてはならないのです。1つ目は"記録達成が証明されること"，2つ目は"記録が数量化できること"です」と説明して，続けて次の発問をした。

5 3つ目の条件は何だと思いますか。
■まとめへとつなげる発問である。

生徒は考えていたが，なかなかまとまらないようだった。ここは，まとめへつなげる発問なので，あまり時間をとらず，次のように説明をした。「ギネスブックに載る記録になるための3つ目の条件は，"今後，記録が破られる可能性があること"です（『夢を叶える』p.42より）。つまり，ギネスブックに載るような『すごい』記録でも，破られることを前提に載せられているのです。簡単にいえば，どんなに不可能と思われるようなことも，可能になるかもしれないということですね」

最後に感想を書かせ，授業を終えた。

資料

●資料3

　まず，彼はお客様に必要とされる商品を紹介するキャンペーン運動をしようと，他のアルバイトなどに提案します。自分からお客様に紹介してみると，けっこう売れました。

　はじめは，やる気のなかった他のアルバイトも，いつの間にかつられて，みんな声をかけるようになりました。

　次に彼は，1台ごとの給油処理を速くするために，スタンドの中では素早く走って行動するようにしました。それを続けていくと，他のアルバイトもみんな素早く行動するようになりました。車1台の給油にかかる短縮時間は，数秒かもしれませんが，その一所懸命な姿は，お客様に好評でした。

　また，道路が渋滞した時の抜け道マップをつくって配ったり，遠くからでも目立つのぼりをつくったり，お客様の名前を覚えて挨拶をしたり，笑顔で対応するようにしたりと，他にも思いつくかぎりの手を打ちました。

　3カ月後，とうとう売り上げは黒字へと転換し，経営者の彼に対する評価は，週休3日でも給与は今まで通り，というものになりました。

『夢を叶える』p.216・217より

授業実践を終えて

■生徒の感想

- 合唱コンクールも「みんな元気がないからムリ」とか思ったりしないで，「絶対いける！　大丈夫！」と思って挑戦していきたいです。（女子）
- この授業を受けて，自立型思考で，合唱コンクールや部活の試合をやりたい。（女子）
- 人間が伸びていくためには常に向上を望む「自立型思考」が必要だとわかった。（男子）
- いつも自立型思考になれるようになりたいです。また，依存型思考の人がいたら，自分が自立型思考にしてあげられるようになりたいです。（女子）
- 私も部活で今度決勝があって，最初は強い学校と戦うってムリな感じだけど，最後まであきらめないで1点でも多く取ろうと思います。（女子）
- 頑張って，他の人も巻き込めたりできてすごいと思った。（男子）
- 今の自分よりもよくなろうとしなきゃいけないのだと思った。（男子）

■実施時期について

　この授業は，合唱コンクールや部活の新人戦の前に実施した。担任としては，学級に合唱コンクールに対して前向きな雰囲気がほしかった。しかし，あえて本授業時には「合唱コンクール」の名前を出さなかった。生徒に気がついてほしいと思ったからだ。書かれた感想や発表された意見から，合唱コンクールの話題をあげた生徒が多かった。授業の実施時期をきちんと考えることの重要性を改めて実感した授業である。この授業の後，学級の雰囲気がとてもよくなった。合唱コンクールの練習時にも生徒から，「自立型思考でいこうよ！」という声があがり，練習の雰囲気もよかった。

（東京都　合田淳郎）

第2章 「知る」この知恵に感銘を受ける

1年 2年 3年

保護者の方からのメッセージで考える

人に喜んでいただくということ

保護者への感謝の思いなどを表現しにくい生徒に「学び」を深め，人を喜ばせたいという気持ちをもたせる授業

　私は「学校行事に来てくださる保護者の方に，喜んでいただけるものを提供しよう」と生徒に話します。体育祭ならば，全力のプレー。文化祭ならば，笑顔で応対したり，恥ずかしがらずに舞台で表現したりすることです。保護者の方も，そんな生徒の活動を心から楽しみ，喜んでくれます。その際にいただく保護者の方からのメッセージを用いて，改めて，「人に喜んでいただくことの意味や大切さ」について考えさせました。新しい話し合いの形態である「ワールド・カフェ」の手法を使うことで，より深い気づきの共有に導く授業です。

『ワールド・カフェをやろう！』

香取一昭，大川恒（日本経済新聞出版社）

知る

●資料の概要
　本書は「ワールド・カフェ」と呼ばれる，新しい話し合いの形態についての入門書。4人1組のテーブルで，いくつかの緩やかなルールにしたがって話し合い，「合意形成」を目指す方法で，学校の授業や活動の中でも，多様な活用が可能である。

●脳が活性化する授業づくりのポイント
　憧 人に喜んでもらう人生を送れるようになりたいと憧れる。
　知 人に喜んでもらうことの意味についての多様な意見を知る。
　驚 人に喜んでもらうことの意味の多様な捉え方に驚く。
　顧 自分が人に喜んでもらうことができているか顧みる。

授業準備度 ★★★☆☆

ねらい

人に喜んでもらうことの意味や大切さについて、仲間と意見を交換し合って、多様な学びをする。　　　　　　　（2－②思いやり）

準備

・カラーペン，模造紙　それぞれグループ数分
・ワークシート　生徒数分
・保護者の方からのメッセージ

授業の実際（2年で実施）

文化祭が終わった後に行った授業である。他に体育祭、宿泊行事、親子レクリエーションなど、様々な機会に行うことができる。

まず、準備として次のような活動を行う。

> 事前に保護者の方に①か②を依頼する。
> ①行事を見に来ていただき、行事後に、その感想を書いてもらう。
> ②行事のために取り組んでいる様子を事前に見に来ていただき、その感想を書いてもらう。

本授業では①の方策を選んで、以下のように授業の準備を行った。

「保護者の方に、文化祭が終わった後、文化祭の感想や君たちへのメッセージを書いてもらってきてください」とあらかじめ生徒に指示をした。そして、保護者の方に文書でお願いをした。また、封筒に200字詰め原稿用紙1枚を入れたものを生徒に配付した。いただいたメッセージは、学級通信に載せることも説明をつけた。

行事前日に配付するが、終了後すぐでも構わない。回収に時間がかかるので、行事からあまり日を置いて配付すると、印象も薄くなり、学びも小さくなってしまう。

なお、生徒は、配付の際には特別な反応は示さなかった。ここまでが事前の準備である。

授業では、初めに「保護者の方からのメッセージや感想を学級通信に載せました」と説明し、保護者の方からのメッセージを載せた学級通信を配付した。学級通信でなく、そのまま印刷して配付してもよい。保護者の方全員の回収は難しいので、提出分のみを通信に載せてプリントした。回収は半数。全て順番に読み上げていった。10分強ほどの時間がかかった。下記はその一例である。

> **【保護者Aさん】**
> 準備は大変でしたね。疲労の蓄積、心の葛藤、焦燥感など、口には出さないけれど、いろいろあるんだろうなあと察して、親としては気をもむ日もありました。
> 当日の成果は本当に立派でした。周囲の方々のあたたかいサポートや先生方の尽力があったことは言うまでもありませんが、一人ひとりが自身の役割を全うし、努力を結実させたことが、結果につながったのだと思います。今のこの姿や、さらに成長していく様は、親として言葉に表せないよろこびでいっぱいです。
> 素敵な贈り物をどうもありがとう。

■1 読んで、どんなことを感じたり、思ったりしましたか。

■保護者の方の感想やメッセージを読み、期待、感動、温かい思いで活躍を見守っている人たちがいることに気づかせるための発問である。

生徒は一気に書き始めた。5分間である。書いたものをどんどん発表させた。

・合唱をほめてくださる人が多く、うれしかった。うまくいかないところも本番までに直すことができ、みんなの心が1つになったから、お客さんに伝わる合唱になったんだと思う。頑張ってよかった！！
・学年企画、舞台、合唱、吹奏楽等、どれもみんな感動してくれた。特に吹奏楽は涙が出てきたという人もいたのでビックリした。合唱も、感動したと言う人が多かったので、伴奏者としてうれしかった。
・保護者の皆さんがこんなに私たちのことを

真剣に見ていてくれてるんだと思い，うれしかった。よくできているところはほめ，もう少しというところは指摘してくれて…これはまさに真剣に見てくれているからこんなことを書いてくれたんだと思った。
・いろいろな思いがあったが，みんなが喜んでいることだけは一緒だと思った。

2 人に喜んでいただくことには，どんな意味や大切さがあると思いますか。

■本時の主発問である。なぜ保護者の方が喜んでくださったのかを考えることを通して，人に喜んでいただくことの価値に気づかせる発問である。

ワークシートを配付し，書き終えたところで，「今日は，ワールド・カフェ方式を使って話し合います。ワールド・カフェの基本的な方法は，以下の通りです」と言って，黒板に提示した。そして説明を加えた。

①4人ずつテーブルに座って，テーマ（問い）について話し合う。（20分〜30分）
②各テーブルに1名のホストだけを残して他のメンバーは旅人として別のテーブルに行く。新しい組み合わせになったので，改めて自己紹介し，ホストが自分のテーブルでのダイアログ内容について説明する。旅人は，自分のテーブルで出たアイディアを紹介し，つながりを探求する。（20分〜30分）
③旅人が元のテーブルに戻り，旅で得たアイディアを紹介し合いながらダイアログを継続する。（20分〜30分）
④カフェ・ホストがファシリテーターとなって，全体でダイアログする。（20分〜30分）

『ワールド・カフェをやろう！』p.59より

授業では8分ずつ3回話し合う指示をした。
4席を合わせたテーブルに，模造紙1枚とカラーペン数本（様々な色）を置いた。模造紙に，思いついたことを書いたり，仲間の意見をまとめながら話したり，自由に書きつつ話し合いを進めることを説明した。

話し合いでは，特定の人だけでなく，みんなが意見を話すことを，条件提示した。また，課題は黒板に大きな字で板書した。

生徒は早速，模造紙に文字や絵を書きながら，話し合いを始めた。保護者の方からの感想への喜びが，それぞれ語られた。一巡してフリーディスカッションになると，合唱や学級展示など，自分たちのひたむきさが保護者の方に伝わっていること，家でもとてもほめられたことなどが語られた。

席を移動すると，前のメンバーが模造紙に書いたものをまず楽しそうに見ていた。そして，それぞれのテーブルで話し合われたことを積極的に紹介し始めた。また，身を乗り出して話し込む姿も増えた。

最後に最初のグループに戻ると，それぞれのよい意見が交流されて，考えも「収束」の方向にまとまっていく様子が見られた。

3 今日の課題「人に喜んでいただくことの意味や大切さ」についてどんなことを考えましたか。模造紙に書きましょう。

■ワールド・カフェの中では，いろんな意見が出るので，その中から新たな気づきや発見をさせる発問である。自分で言語化することに意味がある。

5分間書き，各テーブルから1名ずつ，時間までどんどん発表させ，授業を終えた。

・人に喜んでもらえるうれしさがわかる。喜んでもらうために一生懸命頑張れる。
・人が喜んでいると，こちらまでうれしくなる。そこに意味があると思う。
・人が喜んでくれるということは，その人が楽しいやうれしいなどのいろんな気持ちになったということだと思う。
・人に喜んでいただくには，まず，やっている本人が楽しみ，良い表情で演じる必要があると思う。なので「人を喜ばせる」ということが，たくさんの人を和ませ，笑顔にさせる，平和にできる方法だと思った。
・人と人との通じ合い。

授業実践を終えて

■授業づくりで苦労した点

　事前に保護者の方に原稿用紙を配付するわけだが，これがある程度回収できるかどうかが一番心配な点である。私の場合は，学級通信に載せるということの他に，「こちらで手直しをするので心配なく書いてきてください」という一筆を添えた。また，「生徒への励ましやねぎらい，感動などが伝わるようなものを書いてほしい」ということも添えた。目的をしっかり保護者に伝えると，多くの方が快く書いて下さった。
　ワールド・カフェは，道徳に限らず，ほとんどの教科で活用することのできる手法である。私の場合は，平素の学級活動や国語の授業の中でも取り入れているので，本時も，生徒に特別な戸惑いはなかった。手法としても，形式はいたってシンプルであり，割と手軽に行うことができる。

ワークシート

```
┌─────────────────────────────────────────────┐
│        保護者の皆さんからのメッセージを読んで        │
│                                             │
│        年　月　日（　）         氏名：         │
│                                             │
│  課題：                                      │
│                                             │
│                                             │
│  【保護者の皆さんからのメッセージを読んで，どんなことを考えましたか？】│
│                                             │
│                                             │
│                                             │
│                                             │
│                                             │
│                                             │
│  今日の課題について，ワールド・カフェを通して考えたことを書きましょう。│
│                                             │
│  ─────────────────────────────────  │
│  ─────────────────────────────────  │
│  ─────────────────────────────────  │
│  ─────────────────────────────────  │
│  ─────────────────────────────────  │
│  ─────────────────────────────────  │
│  ─────────────────────────────────  │
└─────────────────────────────────────────────┘
```

［参考文献・資料］
・『ワールド・カフェ～カフェ的会話が未来を創る～』アニータ・ブラウン／デイビッド・アイザックス／ワールド・カフェ・コミュニティ・著　香取一昭／川口大輔・訳（ヒューマンバリュー）

（北海道　石川　晋）

第3章

「驚く」
予想を超える事実がある

心にいつまでも残る話には，意外な展開や思わぬ結末がある。
予定調和で終わってしまっては，脳は活性化することなく，
印象の薄い時間として過ぎ去ってしまう。
教師自身がその資料に驚いた場面で，生徒にも同じ驚きを再現させる。
ただ淡々と知識を与えても心には響かない。
「どこを与えるか」「どのように与えるか」まで十分考え，
生徒の心の中から「感嘆詞」がこぼれ出すようにしたい。

1. 兄の形見，「僕が背負う」
2. 失敗を許す優しさ
3. 「熊本サプライズ」
4. 日本の技術の源
5. 名言の正体
6. 自分を変える一歩
7. 桧原桜を守った人々
8. 自分をアピールすること

第3章

「驚く」
予想を超える事実がある

＜授業のポイント＞

「兄の形見，『僕が背負う』」亡くなった兄のランドセルに込められた命をつないでいくという弟の思いに驚くであろう。
「失敗を許す優しさ」オーケストラの演奏を間違ってしまった自分のミスを，その場で認める指揮者岩城宏之さんの勇気に驚くであろう。
「熊本サプライズ」「サプライズ」の視点が，観光客が感じる郷土のよさにつながることに驚くであろう。
「日本の技術の源」江戸時代のからくり人形のアイデアが後の日本の技術者に大きな影響を与えていることに驚くであろう。
「名言の正体」有名な名言の別の意味とその深さに驚くであろう。
「自分を変える一歩」登山家栗城史多さんの人生の転機になるきっかけが思いもよらないところから来たことに驚くであろう。
「桧原桜を守った人々」市長と住民の間で行われた情緒ある行動に驚くであろう。
「自分をアピールすること」努力の末，大使館の料理長に抜擢された三國清三さんの「前進力」に驚くであろう。

「まさか!?」「本当？」「なんと！」このような驚きだけで終わってはならない。
このあと，いかなる手立てがなされて「礎」になりうるか。それが示された道徳授業群がここに連なっている。

第3章 「驚く」予想を超える事実がある

| 1年 |
| 2年 |
| 3年 |

命の重さを感じよ
兄の形見,「僕が背負う」

穏やかな日々の中,家族の命などあまり考えたことのない生徒に
生命の有限性について考えさせる授業

　1995年1月に発生した阪神・淡路大震災（兵庫県南部地震）は,大きな被害とたくさんの悲しみを残しました。この悲しみを乗り越えた家族の温かい絆に思いをはせる授業です。理科の授業で地震災害を学ぶ1年生に実施した授業です。また,2011年3月11日に起きた東日本大震災でたくさんの方が被災されましたが,「たくさんの人」と一くくりにしてしまうのではなく,一人ひとりの人生を大切に扱うことで,生命の尊重に迫る授業です。

『にいちゃんのランドセル』

城島充（講談社）

驚く

●資料の概要
　阪神・淡路大震災で亡くなった男の子。その弟が生まれ,小学1年生になった。友達にくらべると古くて傷だらけのランドセルだけれど,「にいちゃんのランドセル,背負っていく！」と言う…。
　命の大切さを誰よりも真剣に考えている家族の姿から,たくさんのことを学び,感じ取ることができる資料である。

●脳が活性化する授業づくりのポイント
　憧 命の重さを感じ,行動に表れてくるような生き方に憧れる。
　知 ランドセルを背負っていく弟の姿に命の重さを知る。
　驚 ランドセルに込められた命をつないでいくという家族の思いに驚く。
　顧 大切な人の死を自分はどう受け止めて生きていこうと考えていたのかを顧みる。

授業準備度 ★★★☆☆

81

ねらい

ある家族の震災にまつわる温かいエピソードを通して、生命の重さを感じる。
（3－①生命の尊重，
　4－⑥家族愛，充実した家庭生活）

準備

・『にいちゃんのランドセル』p.81，p.137，裏表紙に掲載されている写真
・阪神・淡路大震災の写真
・資料1，2　生徒数分
・『心がぽかぽかするニュース　HAPPY NEWS 2008』
・ワークシート　生徒数分
・パソコンとプロジェクター

授業の実際（1年で実施）

次の写真を示した。「これは何でしょう」と問いかけると、すぐに「ランドセル」という答えが返ってきた。

『にいちゃんのランドセル』裏表紙より

１このランドセルには，何が入っているでしょうか。

■資料に触れさせるための発問である。
・教科書。・ノート。・筆箱（筆記用具）。
「そうですね。小学生がランドセルに入れているものといえば、そんなものでしょうか？」と言いながら、「先生、あのね」という言葉をヒントに示した。すると、「日記」という言葉が出て、「書いたことがある」という反応もあった。
資料1（84ページに掲載）を配付し、範読した。ある家族の食事をつくる様子が描かれている日記である。

２この日記の内容から，どんな家族の様子がうかがえますか。

■震災前の家族の様子を確認させるための発問である。
・楽しそうな雰囲気。
・仲の良い兄弟、家族。
米津家の家族の写真（81ページに掲載）を示しながら、お父さん、お母さん、漢之(くにゆき)君という男の子と、深理(みり)ちゃんという女の子の4人家族であったことを確認した。
日記の、1月16日という日付に注目させながら、

「1995年　1月17日」

と板書した。
「阪神大震災」という答えがすぐに返ってきた。引き続き、阪神・淡路大震災の被害の様子を示す写真を提示した。
「この震災によって、米津さん一家が生活していたアパートは全壊し、漢之君と深理ちゃんは亡くなりました。漢之君が使っていたランドセルは、数週間後ほぼ無傷で見つかったそうです。悲しみの中から、米津家には毎月17日にある習慣ができました。それは、カレーを食べることでした」

３米津家では，なぜ，毎月17日にカレーを食べることにしたのでしょうか。

■震災で子どもを亡くした悲しい家族の思いを感じ取らせるための発問である。
・漢之君と深理ちゃんの好きな食べ物だったから。
・震災が起こらなければ、食べるはずだったから。
・漢之君と深理ちゃんのことを忘れないために。
・家族の楽しい思い出を忘れないために。
・震災のことを忘れないために。
「そうです。『漢之君と深理ちゃんのことを忘れないために』という理由だったのです」と説明した。

第3章　「驚く」予想を超える事実がある

「その後，英さんと凜君が生まれました」と説明し，「これは，米津家のことをよく知っていた近所の女性が描いてプレゼントしてくれた絵です。何人描いてありますか」と問いかけながら，次の写真を示した。

前掲書p.137より

席が近い生徒が，一生懸命数えながら「6人いる」と発言した。「なぜ6人描いたのだろうね」と投げかけると，それぞれ静かに考えていた。
「凜君が小学校に入学する時，お父さんは，凜君に，ランドセルはどうするか聞きました」と説明し，次の発問をした。

4 凜君は，どのように答えたでしょうか。
■家族のつながりを感じ取らせる発問である。理由を問いかけることによって，生徒が思いを共有できる。
＜A＞僕が使う。
・新しく買うのはもったいない。
・お兄ちゃんの分まで頑張りたい。
・お兄ちゃんのものを大切にしたい。
＜B＞新しいものを買ってもらう。
・新しいものが欲しい。
・お兄ちゃんのものは，大切に取っておきたい。

「A，Bでも同じように『大切に』という言葉が出ていますね」と話し，生徒が考えた方向性を確認した。
「凜君が出した答えは，『僕が背負っていく』でした」と説明しながら，資料2（84ページに掲載）を配付した。このニュースが新聞記事になったことを伝え，同時に記事（『心がぽかぽかするニュース』p.7に掲載）を提示した。再び，ランドセルの写真を示し，「最初に考えてもらったことを改めて聞くよ」と言って，最後の発問をした。

5 漢之君から凜君に引き継がれたこのランドセルには，何が入っているでしょうか。
■ランドセルに込められた家族の思いを感じ取らせるための発問である。
・漢之君から凜君への「頑張ってね」という気持ち。
・漢之君から凜君への「僕の分まで生きてね」という気持ち。
・漢之君の「学校に行きたかった」という気持ち。
・漢之君の「生きたかった」という気持ち。
・家族みんなの「震災を忘れない」という思い。
・家族にとっての漢之君の思い出。

「この記事は，心が温かくなったニュースとして，次のようなコメントと共に，日本新聞協会が実施している『HAPPY NEWS』キャンペーンに応募されたものです」と言いながら，次の一文を示した。

> 尊い○の□□□□□にそっと触れ，私もちょっぴりハッピーになれた1日だった。
> 『心がぽかぽかするニュース　HAPPY NEWS 2008』p.8に掲載の川野智子さんのコメントより抜粋

6 ○や□に入る言葉は何でしょう。
■授業のまとめとなる発問である。生徒からは次のような言葉が出た。
・（家族）の（つながり）
・（兄弟）の（愛情）

「『命のバトンタッチ』と書かれていました」と説明し，感想を書かせて終えた。

【生徒の感想】
・会ったことのない兄弟だけど，強い思いで結ばれているんだなと思った。
・地震で多くの命が奪われたことはショックだったけど，凜君の心の中で漢之君が生きていることがとてもうれしかった。

●資料

●資料1

　せんせいあのね。
　きょう、夕がたぼくとおかあさんといもうとで、あさってまでのごはんをつくりました。
　いもうとは、ほうれんそうグラタンとミンチカツをつくり、ぼくが、カレーをつくりました。
　玉ねぎのかわをむいてたら目がすこしいたくなったので目をとじてむきました。
　おかあさんに、にんじんのらんぎりをおしえてもらいました。
　そのとき、ひだり手のおやびがねこの手になってなかったのでちゅういされました。
　玉ねぎをいためながらにんごをすったり、にくをいためました。
　いそがしくて大へんだったけど、たのしかったです。
　あした、たべるのがたのしみです。

一月十六日

『にいちゃんのランドセル』p.110〜114より

●資料2

　形見のランドセル「僕が背負う」
　ランドセルは亡くなったお兄ちゃんから阪神大震災後に生まれた弟に受け継がれた。「僕が背負っていく」。震災で死亡した米津漢之君＝当時（7つ）＝の形見を，昨春小学生になった弟凜君（6つ）が使っている。「会うことのなかった兄弟だけど，漢之はきっと喜んでくれるはず」と父勝之さん（48）は目を細めた。

　勝之さん一家4人が暮らしていた兵庫県芦屋市のアパートは全壊し，小学1年の長男漢之君と長女深理ちゃん＝当時（5つ）＝が亡くなった。

　漢之君の黒いランドセルは，つぶれた自宅から数週間後にほぼ無傷で見つかった。「短い生涯の証しだと思い，懸命に取り出した」と勝之さん。中に入っていたのはきれいに削った鉛筆や，震災当日の時間割にそろえた教科書。そして「せんせいあのね」で始まる日記帳だった。前日の夕方，家族でカレーを作った話がつづられた最後の日記は「あした，たべるのがたのしみです」と締めくくられていた。「明日も普通の1日が来ると思っていたのに…」と勝之さん。

　その後，次女英さん（11）と次男凜君が生まれた。直後は語りたくなかった震災の経験も，時がたつにつれ「伝えたい」と思うようになるなど，勝之さん夫婦には心境の変化もあった。ただ，ランドセルだけはあの日のまま，十数年間棚の奥で眠り続けていた。

　小学校入学を控えた凜君に「ランドセルどうする」と勝之さんは尋ねてみた。無理に使わせる気はなかったが，聞かなければならないと思った。

　死んだ兄が使ったランドセルと知っていた凜君は「僕が背負っていく」ときっぱり。その言葉が無性にうれしかった。

　昨年4月，芦屋市から福井市に転居し新生活がスタート。でも月命日の毎月17日にカレーを食べる家族の習慣は，引っ越し後も変わらない。

　「今ではランドセルもカレーも震災後に生まれた2人の人生の一部。2人には漢之と深理が存在した意味を理解してほしい」。元気な声で「行ってきます」と家を出た凜君の後ろ姿を，勝之さんが見守った。

大分合同新聞2009年1月12日付朝刊掲載（共同通信社配信）
『心がぽかぽかするニュース HAPPY NEWS 2008』日本新聞協会編（文藝春秋刊）p.6〜8より

（長崎県　緒方　茂）

第3章 「驚く」予想を超える事実がある

1年
2年
3年

勇気ある行動
失敗を許す優しさ

挫折感をもつ生徒に
失敗を許す素晴らしさを感じさせる授業

　クラスや部活動の中で，生徒は自分の失敗をうまく受け入れることができなかったり，仲間や相手の失敗を責めたりすることがありがちです。人は本来，失敗から学び成長するもので，そこにはお互いに許し合う気持ちが大切です。それを名指揮者・岩城宏之（いわき ひろゆき）さんの実体験をもとに授業化してみました。

『楽譜の風景』

岩城宏之（岩波新書）

驚く

●資料の概要
　岩城宏之さんは日本を代表する名指揮者。メルボルン交響楽団の首席指揮者として活躍していたある日のコンサートで，とんでもない失敗をしてしまう。自分の失敗に気づいた岩城さんの行動とそれに対する周囲の反応は――。名指揮者であるが故に許されない失敗。「自分だったらどうするだろう」と生徒自身に問わせながら，意外な結末に至るこのエピソードを通して，寛容になることの大切さを味わわせたい。

（写真提供　メイ・コーポレーション）

●脳が活性化する授業づくりのポイント
- 値 自分のミスを正直に言える勇気と失敗を許す優しさに憧れる。
- 知 自分のミスを認める勇気がそれを許す寛大さにつながることを知る。
- 驚 コンサートの場で自分のミスを認める岩城さんの勇気に驚く。
- 顧 ミスをした時に正直に言える勇気があったか，人の失敗を許す優しさがあったかを顧みる。

授業準備度 ★★★★☆

ねらい

名指揮者と呼ばれる人でも失敗があり，それに対しまわりの人がどんな行動をとったかを考えることを通して，実直な態度に対して許すことの大切さを理解する。

（2－⑤寛容・謙虚）

準備

- ストラヴィンスキー『春の祭典』より「いけにえの踊り」のＣＤ
- 岩城宏之さんプロフィール（88ページに掲載）
- 『楽譜の風景』より
  資料1　（p.151　5行目～p.152　4行目）
  資料2　（p.152　5行目～p.153　2行目）
  資料3　（p.153　2行目～p.153　8行目）
  資料4　（p.153　9行目～p.153　13行目）
  資料5　（p.156　7行目～p.158　2行目）

授業の実際（1年で実施）

休み時間からCDで「いけにえの踊り」をかけた。始業のチャイムが鳴ったので音楽を止めて，すぐ最初の発問をした。

1 オーケストラに必要なものは何でしょうか。

■オーケストラや指揮者に関する知識を整理するための発問である。

具体的に楽器名をあげる生徒が多かったが，他にも，指揮者，演奏者，観客等があげられた。

「オーケストラとは，複数の弦楽器，管楽器および打楽器の編成による音楽を演奏するために組織された団体です」と説明し，続けて，指揮者に着目させ，次のように説明した。「指揮者がもっとも時間と労力を要するのは，全体練習前の予習と言われます。楽譜や関連する音楽史上の文献等で，指揮をする曲の構造を把握したり，表情づけの方法を検討したり，練習の手順を計画したりします。練習に際しては，音程・音量・音色・奏法や歌唱法・パートの音量バランス・テンポ等を指導し，ミスやずれを修正して，演奏の完成度を上げていきます。そして演奏会本番でそれをまとめ上げ，指揮をします。このような重大な任務が指揮者にはあります」と，指揮者について演奏会前の準備段階から説明した。

続いて指揮者・岩城宏之さんをプロフィール（88ページに掲載）を使って紹介した。生徒はとても有名な指揮者なのだと感心していた様子であった。

資料1を読み上げて紹介した。メルボルン交響楽団で指揮をしている最中，ストラヴィンスキー作曲「春の祭典」の演奏で2小節分を飛ばしてしまったという話である。「後でわかったことですが，2小節分が完全に自分の記憶から消えていたそうです。そのため，フォルテシモでトランペットに演奏させようとしたが，全く反応がなく，『次の瞬間に自分がふり間違えたのを理解した』そうです」と説明した。

2 自分のミスに気づいた岩城さんは，この後どうしたでしょう。

■岩城さんの人間性を考えさせる発問である。

- そのままやり過ごした … 6名
- 演奏をやめてみんなに謝った … 4名
- 演奏はやめずに後で謝った …17名
- その他 … 1名

「なんと，演奏を中断し観客に向かって指揮を間違えたことを詫びたのです」と言い，資料2を読み上げて紹介した。

「岩城さんは，名指揮者と呼ばれながらも，自分のミスを認めました」と言い，次の発問をした。

第3章 「驚く」予想を超える事実がある

❸ **観客はこの時どうしたでしょう。**
　■岩城さんの言動を周囲がどう捉えたかを考えさせる発問である。
　・拍手した。
　・許した。
　・ブーイング。
　・怒る。
　・ざわざわしていた。
　・静まった。
　資料3を読み上げて紹介した。
　「楽団員全員に演奏再開の箇所を告げると、観客だけでなく楽団員からも大拍手が沸き起こったのですね」と要約した。

❹ **観客の拍手にはどんな意味が含まれていると思いますか。**
　■岩城さんの実直な態度が観客や楽団の人々の共感を呼んで許されたことを押さえる発問である。
　・頑張ってほしい。
　・正直だから応援したい。
　・えらい！
　資料4を読み、もう一度演奏し直すが、繰り返し同じところで間違え、それでもなんとか最後まで演奏したことを紹介した。

❺ **あなたが楽団員だったら、どんな言葉を岩城さんにかけますか。**
　■2度も同じ間違いをした岩城さんへの周囲の反応を考えさせる発問である。
　・悔やんでも仕方ないですよ。落ち込まないで下さい。
　・今日の演奏は最高でした。
　・今度は間違えないようにしよう。
　・指揮をしてくれてありがとう。
　・無言で肩をたたいて帰る。
　・もう一度この曲のコンサートをしよう。
　生徒なりに岩城さんに対して励ましの言葉を考える生徒が多かった。
　資料5を読み上げて紹介した。楽団のメンバーがホテルの部屋に飲み物を持ち寄り、今日のコンサートについて楽しく語り合う、という内容である。

【楽団員の言葉①】
　おれたちはあなたが好きだ。普通は、オーケストラのせいにして、あのまま最後までやってしまうものだ。実際に止めなくたってなんとかなった。それをあなたは自分のミスだとはっきりお客にしゃべった……。

【楽団員の言葉②】
　2回めにやり直した時も、あなたは同じところで同じふり間違いをした。だがおれたちはもうわかっていたんだ。あのパニックの状態の時に、消えた2小節があなたの頭の中に戻ってくるはずがない。だから魔の2小節を通過する時は、みんなであなたの棒を絶対に見ないようにしたのだ。

『楽譜の風景』p.157より

---

　❹, ❺の生徒の言葉と比べさせると、【楽団員の言葉①】からは、「慰めるというよりも岩城さんの正直な態度をほめたたえる楽団員の人たちの態度に感動した」「ごまかさずに正直に大勢のお客さんに謝った勇気が楽団員の人たちにとってうれしかったのだろう」という意見を述べる生徒がいた。
　さらに、【楽団員の言葉②】からは、「予想外の行動にびっくりした」「そこまでオーケストラの人は考えて行動できるとは思わなかった」という意見が聞かれた。

> 「失敗を許す優しさ」

と本時のタイトルを板書した。
　新人戦の前日に授業を実施したので、チームワークや、仲間のミスをどう乗り越えていくかという話題に触れ、授業を終えた。

資料

岩城宏之（1932年－2006年）
　日本を代表する世界的指揮者。
　東京藝術大学音楽部打楽器科在学中にNHK交響楽団副指揮者となり，1956年にデビュー。1962年にはヨーロッパのオーケストラにデビューし，以来，国内の主要オーケストラだけでなく，ベルリン・フィルハーモニー管弦楽団，ウィーン・フィルハーモニー管弦楽団など，世界の主要オーケストラを常時客演指揮するなど，国際的な演奏活動で知られる。
　他にもNHK交響楽団終身正指揮者，メルボルン交響楽団終身桂冠指揮者，札幌交響楽団終身桂冠指揮者，オーケストラ・アンサンブル金沢音楽監督，東京混声合唱団音楽監督などを務めた。

（写真提供　メイ・コーポレーション）

授業実践を終えて

■授業の展開について

　この授業では，2つの山場を設定した。1つ目は岩城さんが観客に謝るシーン。2つ目は落ち込む岩城さんに楽団員がかける言葉のシーンである。
　1つ目の，曲を止めてまで素直に自分のミスを謝る岩城さんの言動には，彼の誠実さがにじみ出ている。生徒に❷で岩城さんの行動を予測させ，実際の行動の意外さをしっかりと味わわせたい。
　2つ目については，❺では様々な回答を期待したい。実際の授業では，班ごとに個人の考えをシートに書かせ，どの考えがもっともふさわしいかを話し合わせた。今回の授業では，岩城さんを励ます内容が生徒からたくさん出たが，否定的な答えを書く生徒がいることもある。そのような生徒が，後から楽団員の言葉を知ると，予想外の答えに驚きや感動を示すことがあった。また，最初から岩城さんを励ます内容を考えた生徒の大半も，楽団員の言葉は想像の域を超えた感動的なメッセージであったようで，絆の深さや人々の優しさを味わうことができたようであった。

■生徒の感想

- 楽団員の言葉が温かかった。岩城さんはすごい。みんなもすごい。楽団員全員の協力・優しさ・団結力が伝わってきた。
- 楽団員の優しさが岩城さんを勇気づけたと思う。
- 言わなくても，岩城さんのミスをカバーするように，新人戦も仲間の失敗をカバーできるようにしたい。
- オーケストラのことはよく知らないけれど，言葉をかけてあげるのも優しさ，黙っててあげるのも優しさ，どう許してあげたらいいかを考えたいです。
- 誰かが失敗しても，その失敗を責めないようにしようと思った。

（大分県　田辺裕純）

第3章 「驚く」予想を超える事実がある

| 1年 |
| 2年 |
| 3年 |

サプライズの視点で，郷土を見直す
「熊本サプライズ」

アピールすることだけが宣伝だと思っている生徒に
人を喜ばせる喜びを感じさせる授業

　郷土の魅力をどうアピールするかを考えると，どうしても美味しい食べ物や景色のよい場所を一方的に発信するだけの発想に終わりがちです。熊本の誇る脚本家小山薫堂さんの視点は「サプライズ＆ハピネス」。喜ばせよう，驚かせようという思いを大切にすることを提案されています。そのような視点をもてるようにさせたい，そう考えてこの授業を創りました。

『社会を動かす企画術』

小山薫堂・編著（中公新書ラクレ）

驚く

●資料の概要
　他人とつながるきっかけが見えてくる瞬間は，どこにあるのか。ソーシャルな活動の源泉にあるアイデアと行動力とは。放送作家，映画脚本家，大学学科長といった様々な体験から，その秘訣を解き明かしている。

●脳が活性化する授業づくりのポイント
- 値 サービス精神を発揮する生き方に憧れる。
- 知 サプライズという視点での郷土の長所を知る。
- 驚 サプライズの視点が，観光客が感じる郷土のよさにつながることに驚く。
- 顧 自分の郷土に対する思いが自尊感情の高まりにつながることを顧みる。

（©hiromi shinada）

授業準備度 ★★★☆☆

ねらい

郷土を発展させるためには、そこに住む一人ひとりの心のもちようが大切であることに気づき、そのことが自分自身の幸せにもつながることを自覚する。

（4－⑧郷土愛・先人への尊敬）

準備

- 熊本県の観光名所や特産物の画像
- 小山薫堂さんの写真
- 資料1，2，3　生徒数分
- パソコンとプロジェクター

授業の実際（1年で実施）

「2011年3月12日，九州新幹線が全線開業して，新大阪駅から鹿児島中央駅間の直通運転が開始されます。熊本にもたくさんの観光客が来てくれたらうれしいですね」と話すと，「修学旅行は新幹線に乗れるんですよね」と話した生徒がいた。

「それでは我が県，熊本県は何が有名かな」と言い，阿蘇山，水，タイピーエン，熊本城等の画像を提示した。

「2003年電通九州の調査によると，熊本県について首都圏生活者が連想したのは次のようなものでした」と説明し、以下を提示した。

初め，2位の「特になし」の部分を隠しておき，予想させておいてから提示した。

```
1位「阿蘇山」　（26.9%）
2位「特になし」（12.1%）
3位「熊本城」　（9.1%）
4位「ラーメン」（5.9%）
```

1 この調査結果をどう思いますか。
■「特になし」が2位に入っていることの悲しみを確認する発問である。
- 「特になし」が2位とは悲しい。
- 確かにあまりアピールしていない。

残念な思いの生徒と，仕方ないと思う生徒が半々であった。それぞれの思いを共有することも，郷土愛を育てることにつながっていく。

2 あなたならばどんなことをセールスポイントにしますか。
■モノには目が向くが，観光客を受け入れる側の心に着眼する発想がないことを確認する発問である。
- 食べ物や水がおいしいこと。
- 馬刺しや辛子レンコンなどの特産品。
- スザンヌの出身地。

「熊本の観光についてとても頑張っていただいている方を紹介します」と言って，小山薫堂さんの顔写真を大きく提示した。「この方は小山薫堂さんです。1964年生まれ，熊本県天草市出身です。放送作家，ラジオパーソナリティ，企業の顧問など幅広く仕事をされ，有名なところでは米アカデミー賞外国語映画賞『おくりびと』の脚本を書かれました」と説明すると，生徒から「すごい」という声があがった。

「九州新幹線全線開通に向け，様々なイベントが企画される中，小山さんは新幹線開通記念事業アドバイザーになり，そこで，何かキャッチフレーズを考えてほしいと言われたそうです」と言って，次の発問をした。

3 小山さんが考えたキャッチフレーズ『熊本○○○○○』の○○○○○の中にはどんな言葉が入るでしょう。
■観光客を受け入れる側の心に着眼させていくための発問である。

何名か考えた生徒に指名すると，「いいところ」「きてきて！」という考えが出た。

「『サプライズ』です。サプライズとは驚くという意味です」と説明した。

「小山さんはこう言っています。『観光について情報を発信すると，ついつい，うちはこんなにいいところ。だから，ぜひ来てとなってしまいがち。一方的に自分の長所や自分のことばかりになってしまっては，なかなか相手に響かない。やっぱり，来た人が，「あっ！」とか，「おっ！」とビックリするような，何か

第3章 「驚く」予想を超える事実がある

を見つけることが大切』」と説明を続けた。
　ここで資料1（92ページに掲載）を配付した。
　小山さんが熊本で乗ったタクシーの運転手の人がメーターを倒さないという話である。

4 運転手はどんな反応をしたでしょう。
■運転手のもつ優しさから，人情に着眼させる発問である。

　発表した最初の2人は，「忘れていたので，よかったと感謝した」「そのまま運賃をまけてくれる」と，気づいていないという立場で考えていた。
　3人目の発表で，「実はわかっていて，サービスしている」と真意を突いた発言が出たので，資料2（92ページに掲載）のプリントを配付した。この先の信号が長いので，それを越えてからメーターを倒す，という話である。生徒はその理由に感銘を受けている様子であった。
　「熊本のタクシーの運転手さんがみんなこのような人だったら，来た人は，このタクシー文化は何なんだとビックリすると思う。このような文化をつくりましょう。みんなを驚かせてあげましょうと，小山さんは言っています」と説明した。
　さらに，「小山さんは，熊本県の中で，サプライズのネタになるようなものを，みんなの日常の中に見つけましょうという提案をしました。そこで"あったらいいなと思う"アイデアの参考例をいくつか挙げられました」と言い，2つの例を紹介した。
○熊本市のアーケード街を使ったパターゴルフ大会を実施する。上通りからスタートして，下通り，新市街に10何ホールか作り，熊本出身の女子プロなどが本気でパターで回るちゃんとした競技をする。
○熊本城の天守閣を1日1組だけのホテルにする，世界でもっとも予約がとれないホテル。あるいは，天守閣で会議をする。世界でもっとも気持ちのいい，あるいは大きな気分で会議ができる会議室にして，その会議を募集する。
　以上は，「くまもとサプライズアワード募集説明会の要約」から選んだものである。

5 あなたならどんな『熊本サプライズ』を思いつきますか。
■サプライズを考えさせることを通して，熊本のよさに目を向ける発問である。

　「（どこどこ）で（なになに）する」という形で考えるよう指示をした。しかしそれを全員が考え出すのは難しいので，さっと考えついた2人の生徒に発表させた。
・熊本出身のスポーツ選手が空港や駅で指導してくれる。
・熊本出身の漫画「ワンピース」の作者に，ご当地キャラクターをつくってもらい販売する。
　「小山さんは，熊本に観光で来た人が，『あっ，いいね！』と言ってくれたらあることにつながっていくと言っています」と言い，最後の発問をした。

6 『熊本サプライズ』が私たち熊本の人間にももたらすものは何だと思いますか。
■私たち熊本の人間にとってもよいことを押さえる発問である。損得を超えた価値に気づかせる発問でもある。

・自分たちの長所を意識できる。
・私たち地元の人もワクワクする。
　「そうです。自分たちに戻ってくるんだと，小山さんも言っています」と言い，資料3（92ページに掲載）を配付した。最後に生徒に感想を書かせて終えた。

【生徒の感想】
・自分の生まれた熊本をこれからどんなふうに広めていくか考えていきたいと思った。
・熊本って影薄いなーと思っていたけど，熊本の人たちは結構頑張っているんだなーと思いました。関西や関東の人たちが熊本に遊びに来るほど有名になってほしいです。
・熊本にもたくさん良いところがあるということを改めて思った。どんどん熊本をアピールしたり，してほしいと思った。

資料

●資料1
　僕の考えている中に、知らない人と仲良くなった時の喜びというのがあります。まったく知らない人なのに仲良くなれる、ということです。
　例えば、先日熊本に行った時にタクシーに乗ったのですが、運転手さんは50代半ばのおばちゃんでした。（中略）
　お客さんが乗ったら、運転手さんは普通「賃走」ボタンを押します。
　しかし、そのおばちゃんは、メーターを押さずにしばらく走っていたのです。
　メーターが作動していないことに気づいた僕は、「あ、ラッキー」ってちょっと思ったのです。
　でも、僕は正直に言うべきか、言わないべきか迷ったのですが、正直に言おうと思い、「運転手さん、メーターそのままになっていますよ」と声をかけたのです。
　　　　　　　　　　　　　　　　　『社会を動かす企画術』p.45・46より

●資料2
　するとそのおばちゃんは、「わかってますよ」と。
　僕は不思議に思い、「メーター押さないのですか？」と尋ねると、そのおばちゃんは、「この先の信号で必ず止まるの。その信号は長いから、その信号を越えたら押すから」と。
　僕は「うわー、この世知辛い世の中でこんないい人がいるんだ！」と、おばちゃんの好意に嬉しくなったのです。
　このようなことは、人と接してみないとわからないことです。
　そこでもし僕が声をかけなかったら、きっと何事もなくおばちゃんの好意に気づかなかったかもしれません。
　予期しない人の温もりに触れた時に、ものすごく幸せを感じるはずです。
　　　　　　　　　　　　　　　　　　　　　　　　　前掲書p.46より

●資料3
　それによって、熊本に観光で来た人が、「あっ、いいね！」と言ってくれたら、それは人のためにというよりも、結局は、「自分たちが幸せになること」につながるのだと思います。
　日常の中に素敵なものを見つける、ということは、「見過ごしていたものに気づく」ということでもあります。
　それが結果として、自分たちの暮らしを豊かにする。
　存在そのものに大きな魅力があり、それに気づくことで、自然とみんなが集まってくる。
　それが本当の「熊本サプライズ」なのです。
　　　　　　　　　　　　　　　　　　　　　　　前掲書p.76・77より

[参考文献・資料]
・「くまもとサプライズアワード募集説明会の要約」
　　～小山薫堂さんが話された内容の要約～
・電通九州「都道府県の好印象度と九州各県のイメージに関する調査」2003

（熊本県　桃﨑剛寿）

第3章　「驚く」予想を超える事実がある

1年
2年
3年

日本の高い技術力
日本の技術の源

郷土や国に誇りが感じられない生徒に
日本の技術力の高さと歴史を知らせる授業

　明治時代，日本は西洋の新技術を取り入れて，どんどん近代化を図りました。電信電話，鉄道，蒸気船……。このことから，日本の江戸時代は西洋に比べ大変遅れていた時代というイメージがあります。しかし，中学校の社会科の授業では学ばないものの，素晴らしい技術が日本にありました。それは「からくり技術」です。これに興味をもち，調べ，資料を集めるに従って，さらにおもしろくなり，ぜひとも生徒たちに伝えたくなって創った授業です。

『【大人の科学】大江戸からくり人形』

（学研）

驚く

●資料の概要
　「大江戸からくり人形」は江戸時代に書かれた「からくり技術」の指南書『機巧図彙』を元に復元した自動人形である。お客様にお茶を運んだり，空になった茶碗を下げたりする。ロボットの原点ともいえる人形である。

●脳が活性化する授業づくりのポイント
　(宣) 技術の豊かな国としての我が国を誇りに思い，憧れる。
　(知) からくり人形の技術及び『機巧図彙』の意義を知る。
　(驚) 『機巧図彙』のアイデアが後の日本の技術者に大きな影響を与えたことに驚く。
　(顧) 技術の豊かな国としての我が国に生きる自分を顧みる。

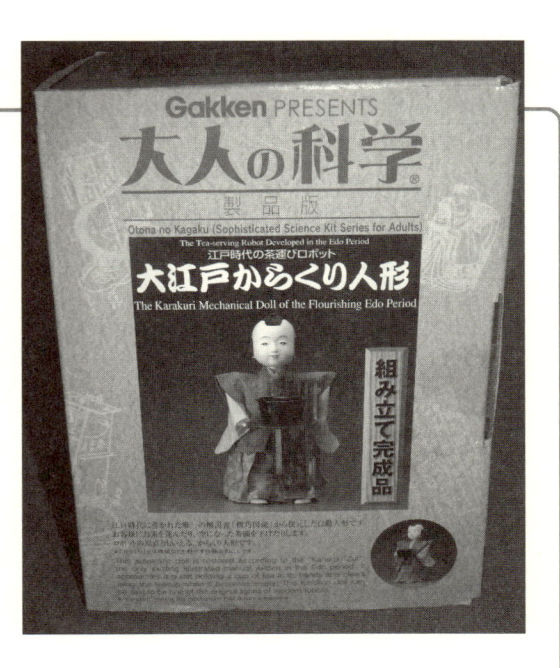

授業準備度 ★★★★★

ねらい

日本の技術の歴史を知り，日本を愛する心を育てる。
（4－⑨愛国心・伝統の継承と文化の創造）

準備

・江戸の町の様子がわかる絵
・茶運びからくり人形。実物が望ましいが写真でもよい（『【大人の科学】大江戸からくり人形』より）
・『機巧図彙』設計図（『大人の科学マガジンvol.16』p.15・16より）
・ASIMOなどのロボットの画像数点
・ワークシート　生徒数分

授業の実際（2年で実施）

江戸の町の絵を見せながら，「江戸時代は270年間ほど続きます。しかし，その江戸時代を終わらせる幕末という時期が来ます」と説明し，最初の発問をした。

１ 多くの日本人にショックを与え，幕府の崩壊につながる一因となった歴史的な事件がありました。それはいったい何でしょうか。

■西洋の技術の高さを日本に知らしめたきっかけを知る発問である。

・地震などの災害。　　・井伊直弼の暗殺。

「1853年の黒船来航です。大きな蒸気で動く黒船は，江戸の人たちの関心を集めました。そしてペリーたちの持ってきた機械類などを見せられました。西洋の技術力の高さにショックを受けたのではないでしょうか」と説明をした。生徒は「そうか」という表情であった。

２ 江戸時代の末期，日本にも西洋と比べて負けないような技術はあったのでしょうか。

■授業で扱う資料に結びつける発問で

ある。

挙手で確認すると，ほとんどの生徒が「ない」に手を挙げた。「ある」に挙手した生徒も，具体的なものは出せなかった。

「なるほど，皆さん，ないということですね。実は，江戸時代に素晴らしい技術でできた機械があるのです。ここに持ってきました」と言うと，生徒は「え〜，なんですか？」「そんな小さいものですか？」「ガラスのコップ？薩摩切り子ですか」などの声が出た。

「機械ですよ。これです。茶運びからくり人形です」と説明し，人形の実物を見せた。

実物がない場合は写真やインターネット上の動画を見せてもよい。

「このレプリカはこんな動きをします。中は歯車ばかり。これはゼンマイ動力ですが，実際は鯨のヒゲのゼンマイだったそうです」と説明して，動かした。生徒は何名か前に来て興味深そうに見ていた。その動きに驚きや感嘆の声があがった。

「この人形が製作された頃，フランスやスイスにも"オートマタ"と呼ばれる機械人形があったようです。からくり人形とは違った進化をしたようです」と説明した。

３ 茶運びからくり人形の設計書が今も残されていますが，それを書いたのはどんな人だったと思いますか。

■資料に含まれる価値を理解するための発問である。

出身地や身分を想像させて，生徒が発言し

第3章 「驚く」予想を超える事実がある

たものをいくつか書き，その中でどれだと思うかを挙手させた。
　場所は，江戸，大坂，名古屋の順に多かった。身分は，職人，町民，武士の順に多かった。
　「設計書をつくった人は，坂本龍馬の生まれた土佐藩，現在の高知県の武士です」と話した。
　「名前は『からくり半蔵』こと細川頼直で，坂本龍馬の生まれた頃より80年前の1750年頃に生まれました。儒学や天文学を学ぶと同時に父親から工作技術を習得し，からくり技術も独学で磨いたようです。1791年に『天下に名を挙げられなかったら二度と故郷に帰らない』という決意表明をして江戸へ行き，天文暦学者になりました。1796年に死亡するまでに『機巧図彙』という機械設計書を残しました。しかし，それが書かれるまでは，からくり人形の技術は，書物には残されていませんでした」と説明し，下の設計図を提示した。

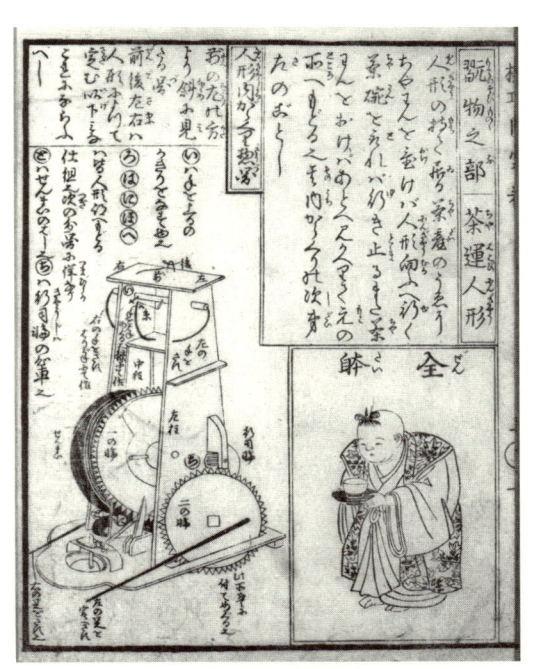

（写真提供　高知県立歴史民俗資料館）

4 なぜ，このような技術が広まらず，西洋のように産業に発展しなかったのでしょう。
　■機巧図彙のもたらした意味や当時の課題を考えさせる発問である。
　・みんながインチキだと思ったから。
　・テレビなど広める方法がない時代だから。
　・つくる材料費がかかりすぎるから。
　・つくるのが難しすぎるから。
　・みんな，忙しくてそれどころじゃなかったから。
　「『特定の藩が産業を機械化すれば，経済力の向上による軍事力強化につながるということを幕府が恐れた』ということも理由の1つと言われています。技術者はそのからくりの技術を人形などの娯楽に組みこんだようです」と説明した。
　「それまでは科学技術は次代の相続者にだけ口伝や秘伝書で伝えられていましたが，細川頼直が『機巧図彙』という書物を残したことによって，誰のものでもある共有財産になったのです。後の東芝やトヨタの創始者たちの物づくりの役に立ったそうです」と説明し，「私は今ではからくり人形が進歩していろいろなロボットができていると考えていますが，いかがでしょうか」と投げかけた。そしてホンダのロボットASIMOなどの画像を提示すると「あ，知っている」という声がたくさんあがった。

5 西洋に比べて遅れていると思っていた江戸時代の日本人について，どんな思いをもちましたか。
　■日本の技術についての認識が変化したかを確かめる発問である。
　ワークシートに書かせた後に，班をつくってそれぞれの思いを発表させた。そのあと，机間指導でチェックした2人の意見を発表させた。
　・日本には，このように秘めた底力がある。頑張ろう！と思った。
　・決して負けない人もいたのに，役人が古い考えのためにその技術が発展しなかったのはもったいなかった。
　自分の生き方と照らし合わせるように，「基本的なことを学んでいる君たちは，あの当時の人たちが独学で苦労して得た以上の知識があり，これからだって学ぶ気持ちがあれば，何でもいくらでも学べますよ」と，これからの可能性を話した。
　感想を書かせて授業を終えた。

95

資料

●からくり人形の内部

授業実践を終えて

■生徒の感想

・最近，ちょうど歴史で習ったところだったので，ためになりました。日本は鎖国をしていたこともあって，文明で外国に勝てるものなんてないと思っていました。実物を見ることができてよかったです。
・日本は発明品がないと思っていたけれど，すごくたくさん発明があったんだろうなー。おもしろかったです。
・先生がからくり人形，ロボットなどいろいろな物を用意してくれて，すごくうれしかったです。
・意外に日本にも発明や創造心があることに驚きました。
・今でもつくることが難しい人形など，江戸時代によくつくれたもんだなあと思いました。日本も捨てたものじゃないな。
・話だけではなく，実物を見ることができて大変ためになった。漫画の授業もいいけれど，こういうのもいいな。

［参考文献・資料］
・『江戸の未来人列伝』泉秀樹（祥伝社黄金文庫）
・『乗り物でさぐる日本史』板倉聖宣／監修　長岡清／文　原島サブロー／絵（国土社）
・『大人の科学　大江戸からくり人形』（学研）
・『大人の科学マガジンvol.16』（学研）

（鹿児島県　原口栄一）

第3章　「驚く」予想を超える事実がある

| 1年 |
| 2年 |
| 3年 |

こんな意味もあったんだ
名言の正体

情報を鵜呑みにしやすい生徒に
本質を探究しようという態度を育てる授業

　エジソンは数々の失敗を乗り越えて偉業を達成しました。彼の言葉「天才とは99％の努力と1％のひらめきである」は代表的な名言であり，努力の大切さの代名詞のように思っていました。ところがエジソンの真意はそれだけではなかったのです……。生徒にとっても，自分の常識を疑って考え，冷静に考えることができるようになるのではないか。そう考えてこの授業を創りました。

『名言の正体──大人のやり直し偉人伝』

山口智司（学研新書）

驚く

●資料の概要
　エジソンは，「努力」ばかりをすすめていなかった！　ナポレオン，ナイチンゲール，野口英世など，歴史を彩る偉人たちが残した珠玉の名言と共に，名言に隠された有名人たちの素顔と意外な真実を紹介する。

●脳が活性化する授業づくりのポイント
- 憧　自分の常識を疑う考え方ができることに憧れる。
- 知　いろいろな状況の下で名言はつくられ，意味づけられてきたことを知る。
- 驚　有名な名言にもともと別の意味があったことに驚く。
- 顧　名言の一般的な意味，もともとの意味を自分に照らし合わせて自分の生き方を顧みる。

授業準備度 ★★☆☆☆

ねらい

名言の新たな意味を知り、人生観・世界観を広げる。（1－④真理・真実・理想の追求）

準備

- エジソンの発明品の画像
- 名言集のプリント　生徒数分
- 『名言の正体』
- パソコンとプロジェクター

授業の実際（1年で実施）

エジソン白熱電球、エジソン蓄音機、エジソン電話機の画像を提示する。これらを発明した人は誰かと尋ねると「エジソン」という声がすぐあがった。そこで最初の発問をした。

❶「天才とは、99％の努力と1％のひらめきである」というエジソンの名言は、何の大切さを述べていますか。

■名言に対する今の理解を確認する発問である。

机間巡視をするが、ほとんどの生徒が「努力の大切さ」「頑張ることの大切さ」を書いていた。そこで1人の生徒を指名して発表させた。同じ意味の意見の人は挙手するように指示すると全員が手を挙げた。

「努力によって天才になるんだ、努力が大切だということですね」と確認した。

ここで「たくさんの名言があります。皆さんもいっぱい知っているでしょう」と言い、名言集のプリント（100ページに掲載）を配付した。『名言の正体』に収録の名言の中で、生徒にもよく知られているものを選んである。

❷あなたはどの名言が好きですか。

■どの名言が琴線に触れるかを考えることを通して、自分のもつ価値観をあぶり出す発問である。

「天才とは、99％の努力と1％のひらめきである」「天は人の上に人を造らず、人の下に人を造らず」「少年よ大志を抱け」「余の辞書に不可能の文字はない」等をあげる生徒が多かった。

「今日の道徳の授業はこの本を使って行います」と言い、『名言の正体』を提示した。「名言の意味はよく知っていても、それがどんな状況で発言されたものなのか、どんな過程で残されてきたのかは意外と知られていません。この本は名言の正体について書かれた本です」と説明した。そして「先ほどあげたエジソンの名言だけでなく、プリントの名言についても、皆さんが考えた意味だけでない、『正体』があったのです」と言うと、生徒は、少し驚いたような表情を見せていた。

❸名言「天才とは、99％の努力と1％のひらめきである」の別の意味は何だと思いますか。

■見方、考え方を転換させる発問である。

まずはノーヒントで考えさせて発表させた。挙手した生徒がいたので指名すると、「努力を99％までもっていくことの難しさを言った」と発表した。「極めることの難しさですか。なるほど。しかしエジソンは努力だけが大切と言っていないんです」と言うと、「ひらめきが大切だと言うことですか」と生徒は気づいた。「本には『99％の汗ばかり強調されている……99％の汗が実るのは、1％のひらめきを大切にしたときなのだ』と、自分の発した言葉の思わぬ反響の大きさに戸惑うエジソンの様子が紹介されています」と説明した。

「年が若いほどひらめきは出やすい。大人になってからもひらめきを出すことは至難の業で、それでも1％でもひらめきがあれば、後は努力することでどうにかできるという意味のようです。つまり、ひらめきを大切にすることも言っているのです」と説明し、『名言の正体』p.13～15を使ってさらに詳しく説明した。

❹あなたは、「天才とは、99％の努力と1％のひらめきである」について、どちらの意味が好きですか。

■生徒自身の受け止めを大切にするための発問である。

「ひらめきが大切」か,「努力が大切」かで挙手させた。ほぼ半々に分かれた。さらにその理由を発表させた。
<「ひらめきが大切」派>
・エジソンがそっちの方を大切にしたがっているから。本人の思いが大切だと思う。
・エジソンががっかりしているから。
<「努力が大切」派>
・エジソンらしいから。
・みんながっかりするから。
・支持されたから伝わってきた。

後の展開と関連をつけるため,これらは板書をした。
「それでは,もう1つの名言を取り上げてみます」と言い,次の発問をした。

5「天は人の上に人を造らず,人の下に人を造らず」という福沢諭吉の言葉は,普通どのような意味で使われていますか。
　■名言に対する今の理解を確認する発問である。
「1万円札にもなっている福沢諭吉さんの名言です」と説明し,発表をさせた。
・人は平等だと言った。
・平等な社会をつくらないといけない。
そして次の発問をした。

6 名言「天は人の上に人を造らず…」にはどんな別の意味があると思いますか。
　■見方,考え方を転換させる発問である。
挙手した生徒が2名いたので指名すると,「人間は神様がつくったものではない」「人は平等でない」と発表した。「上手に『平等』の否定をしましたね。実はこの言葉の続きがあるのです」と言い,次の文章を読み上げた。

> されば天より人を生ずるには,万人は万人皆同じ位にして,生れながら貴賤上下の差別なく,万物の霊たる身と心との働きをもって天地の間にあるよろずの物を資り,もって衣食住の用を達し,自由自在,互いに人の妨げをなさずして各々安楽にこの世を渡らしめ給うの趣意なり。されども今広くこの人間世界を見渡すに,かしこき人あり,おろかなる人あり,貧しきもあり,富めるもあり,貴人もあり,下人もありて,その有様雲と泥との相違あるに似たるは何ぞや。その次第甚だ明らかなり。実語教に,人学ばざれば智なし,智なき者は愚人なりとあり。されば賢人と愚人との別は,学ぶと学ばざるとに由って出来るものなり。
> 『学問のすゝめ』福沢諭吉（岩波文庫）p.11より

「人は平等と言うが,世の中には貧しい者や豊かな者,賢い人や愚かな人もある。この差は学問によりできると言っています。だからこの本の名前は『学問のすゝめ』なんですよね」と説明した。

7 なぜ意味が変わって伝わっていくのでしょうか。
　■言葉に込められた人間の思いに気づかせる発問である。
・時間が経つにつれて,不正確に伝わっていくから。
・一部分を取り上げたために,全体で言おうとしていた意味が伝わらなくなってしまった。
・言う人のイメージに合わせて言葉が伝わっていった。

「そうです。エジソンの名言についても,『エジソンらしい』『みんながっかりする』と考えましたね。その人のイメージが言葉やその意味を変えることがあるようです。『「このような人物であってほしい」という発言者への人々の思いが如実に反映される』と作者の山口智司さんも言っています。言葉は誰が発したのかが大切なんですね」と説明した。

「皆が選んだ名言についてどんなことが書かれているでしょう」と言って,残り時間6分を使って,**2**で人気が高かった「少年よ大志を抱け」「余の辞書に不可能の文字はない」について『名言の正体』を使って説明して授業を終えた。

資料

●名言集
1. 天才とは，99％の努力と1％のひらめきである…エジソン
2. 芸術は長く人生は短し…ヒポクラテス
3. 健全な精神は，健全な肉体に宿る…ユウェナリス
4. 平家にあらずんば人にあらず…平時忠
5. 初心忘るべからず…世阿弥
6. クレオパトラの鼻がもう少し低かったら，歴史は変わっていただろう…パスカル
7. 参加することに意義がある…クーベルタン
8. 君死にたまふことなかれ…与謝野晶子
9. 老兵は死なず，ただ消え去るのみ…マッカーサー
10. 天は人の上に人を造らず，人の下に人を造らず…福沢諭吉
11. 歳月，人を待たず…陶淵明
12. 児孫のために美田を買わず…西郷隆盛
13. ペンは剣より強し…リットン卿
14. 和をもって貴しとなす…聖徳太子
15. ふるさとは遠きにありて思ふもの…室生犀星
16. 勝てば官軍…慣用句
17. やってみせ，言って聞かせて，させてみせ，ほめてやらねば，人は動かじ…山本五十六
18. 少年よ大志を抱け…クラーク博士
19. 地球は青かった…ガガーリン
20. ひとりの人間にとっては小さな一歩だが，人類にとっては大きな一歩だ…アームストロング
21. 疾きこと風の如く　静かなること林の如く　侵掠すること火の如く　動かざること山の如し…武田信玄
22. なせばなる　なさねばならぬ　何事も…上杉鷹山
23. そこに山があるからだ…マロリー
24. 余の辞書に不可能の文字はない…ナポレオン
25. 人の一生は重荷を負て遠き道をゆくが如し。いそぐべからず…徳川家康
26. 天災は忘れた頃にやってくる…寺田寅彦
27. お父さん，僕は嘘をつくことができません！あの桜は，僕がこの斧で切ったんです…ワシントン
28. 人民の人民による人民のための政治…リンカーン
29. 板垣死すとも自由は死せず…板垣退助
30. 一本ではたやすく折れる矢も，三本にまとめるとたやすく折れない…毛利元就

『名言の正体』より抜粋

（熊本県　桃﨑剛寿）

第3章 「驚く」予想を超える事実がある

| 1年 |
| 2年 |
| 3年 |

行動することの大切さ

自分を変える一歩

自分を変えられずに悩んでいる生徒に
自分を変えるためには行動することが大切だと気づかせる授業

中学時代は，自分に自信がなく悩みやコンプレックスをもつ生徒が多いのが現状です。このような生徒でも，何とかして自分を変えたいと思っています。しかし，変えたいといくら頭の中で考えていても，自分を変えることはできません。

夢に向かって挑戦し続ける栗城史多さんの生き方を通して，自分を変えるためには勇気を出して行動することが大切であることに気づかせる授業です。

『一歩を越える勇気』

栗城史多（サンマーク出版）

驚く

● 資料の概要

栗城史多さんは，世界6大陸最高峰単独登頂という素晴らしい記録をもつ若者である。このような記録を打ち立てることができたきっかけは，高校2年生の時に母親を亡くしたことと大学1年生の時に，彼女に振られたことだと言う。夢や目標を失った栗城さんは，自分を変えるために山に登るようになったのだ。現在，失敗にもくじけないで，エベレスト単独・無酸素登頂とインターネットで登頂の模様を生中継することに挑戦し続けている。こんな栗城さんの生き方に勇気をもらう生徒は多いはずである。

● 脳が活性化する授業づくりのポイント
- 值 一歩を踏み出す勇気をもち夢に向かって頑張る栗城さんの生き方に憧れる。
- 知 自分を変えるためには，勇気を出して行動することが大切であることを知る。
- 驚 人生の転機になるきっかけは思いも寄らないところから来ることに驚く。
- 顧 自分を変えるために自分に必要なことを顧みる。

授業準備度 ★★★★☆

ねらい

今の自分を変えるためには、勇気を出して行動することが大切であることに気づかせる。
（1－⑤自己理解と向上心・個性の伸長）

準備

・栗城史多さんの人生をまとめたスライド
・『一歩を越える勇気』
・映像『7サミット世界七大陸の最高峰へ若き登山家の全記録』の7大陸の最高峰登頂に挑戦する様子（栗城さんのオフィシャルウェブサイトの映像でも代替できる）
・資料1，2　生徒数分
・パソコンとプロジェクター

授業の実際（2年で実施）

授業が始まるとすぐに、以下の文言のスライドを提示し、最初の発問をした。

1 あなたの場合，（　　　）にはどんな言葉が入りますか。

> 今の自分は（　　　　　　　）
> なので，（　　　　　　　）たい。

■今の自分を見つめさせる指示である。
前半は自分へのコンプレックスが出ることが多いので、後半だけを発表させた。
・成績をよくしたい。
・バレーが上手になりたい。
・もっと優しくなりたい。
・短気をなおしたい。

「今からKさんというある男性の人生を紹介します」と言って、スライドで見せた。

- 1982年北海道生まれ。
- 中学校時代は野球部で、常に自分の方に球が飛んでこないようにと祈る。
- 高校時代は空手をやっていたが、常に痛くないように終わることを祈る。
- 高校2年生の夏、母親を亡くす。
- 学校祭では1年生から3年生まで自分で演劇の脚本を書き、主役を演じる。
- 卒業式前日に24時間かけて会場までの100kmマラソンを行うが、最後はタクシーでゴールインした。

『一歩を越える勇気』p.57～70を授業者が要約

「こんなKさんをどう思いますか」と軽い感じで質問をすると、笑い声と共に「中途半端だ」「弱いなあ」「かっこ悪い」などの声があがった。
「Kさんの人生の続きを紹介します。高校卒業後、東京に出てバイトに明け暮れる毎日を送っていました。その時のことをKさんは、次のように言っています」

> （前略）夢や目標は何もなかった。ただ、漠然と思っていたのは、型にはまった生き方をしたくないということ。（中略）何かに挑戦したいという思いと、東京に一度行ってみたいという田舎者的な発想で、東京に向かった。　前掲書p.70・71より

「この時、Kさんには高校3年生の頃から付き合っていた彼女がいました。彼女との結婚を考えていたKさんは、バイトで貯めたお金で車を買い、公務員になるために北海道の大学に入学しました。彼女に認めてもらえるように努力をしたのです」と説明し、「Kさんと彼女はこの後、どうなったと思いますか」と聞いたところ、ほとんどの生徒が「2人は結婚した」という意見だった。中には、別れて別の女性と結婚したという意見も出た。
「Kさんは、彼女から『2年間つきあってきたけど、あまり好きじゃなかった』と言われました」と言ったところ、「えー」とほとんどの生徒が驚いた様子だった。「その時のことを、次のように言っています」と言って次の部分を読んだ。

> そのひと言で、すべては終わった。高校卒業後、遊びもせず1つの希望に向けてひたすら突き進んできたが、ここで時が止まった。（中略）1人で部屋に閉じこもるようになっていた。毎日、朝から朝まで寝ている日々。（中略）1週間以上もの引きこもり生活。　前掲書p.74・75より

2 この後，Kさんはどうなったと思いますか。

第3章 「驚く」予想を超える事実がある

■Kさんと自分を重ね合わせる発問である。
ノートに書かせた。
・再びアルバイトを始めた。
・新しい彼女を見つけに行った。
・公務員になった。　・新しい夢をもった。
・また，引きこもりになった。

「そして，Kさんはこうなりました」と言い，詳しい説明もしないでKさんの映像を見せた。（『7サミット世界七大陸の最高峰へ若き登山家の全記録』のうち7大陸の最高峰登頂の様子の部分約7分間）

生徒は驚きの表情で，真剣に見ていた。映像を見た後，資料1（104ページに掲載）を配付し「Kさんとは，栗城史多さんという人です。栗城さんは，2004年に北米最高峰であるマッキンリー単独登頂を成功させ，世界の6大陸の最高峰を単独で次々と登頂した人です」と説明した。

「栗城さんは，この登山を始めた時のことを次のように言っています」

> 大学3年生の春。僕は，マッキンリー登山に向けて奮闘していた。初めての海外旅行で北米の高峰に単独登頂しようというのだから，危ないということでまわりの人に反対されていたのだ。（中略）しかしこの挑戦をやめてしまえば，このまま就職して，一生「何にも挑戦しない自分」で生きていくことになる。そんなふうにはなりたくなかった。
> 　　　　　　　　　　前掲書p.15・16より

3 このような栗城さんに一歩を踏み出す勇気を与えたのは，何だと思いますか。
■人には自分を変えるきっかけがあることに気づかせる発問である。
・新しい目標を見つけたかったから。
・彼女に振られたから。
・全部中途半端だったから。
・彼女と別れた悲しみをなくすため。

「理由には2つあります。1つ目は彼女に振られた後，たまたま訪れた友人の大学で登山部のポスターを見た時，別れた彼女が登山をしていたことを思い出したことです。2つ目は，ある約束を思い出したからだそうです」と言って，次の資料を読み上げた。

> 僕が17歳のときに亡くなった母と交わした約束，「一生懸命に生きる，弱音を吐かない，そして最期に『ありがとう』と言える人生を送ること」。高校を卒業した後，僕には夢や目標などが見つからず，その約束を実行できずにいた。しかし，ようやく迷わず自分がやりたいと思えることが見つかったのだ。
> 　　　　　　　　　　　前掲書p.16より

その後，世界最高峰であるエベレストに2度挑戦したが，失敗したことを伝えた。
「栗城さんは次のようなことを言っています」と言って資料2を配付し，範読した。

【資料2】
①夢なんてかなわないと思っている人も多いかもしれません。誰でも，夢に向かっていくときには大きな不安があると思います。しかし，自分の直感を信じて，一歩を踏み出してみてください。失敗や挫折などたくさんの試練があると思います。でも，失敗も挫折もけっしてマイナスなものではありません。ある方が，成功の反対は失敗ではなく，何もしないことだとおっしゃっていました。　前掲書p.5より
②僕はこのエベレストへの挑戦から1つ学んだことがある。それは，エベレスト単独・無酸素登頂はけっして「不可能」ではないということ。僕はまたここに来る。生きていれば必ず挑戦できる。生きていれば。どんなことでも。　前掲書p.189より

「栗城さんが書いた本のタイトルは，『一歩を越える勇気』です」と言って，最後の発問をした。

4 皆さんにとって，自分を変えるために必要なことは何ですか。
■自分を見つめさせる発問である。
・目標を見つけて一生懸命に頑張ること。
・誰にでも優しくできるようにすること。
・頑張って勉強すること。
・視野を広くすること。
・いろいろなことに挑戦すること。
・いろいろな人と話をしたり，相手の気持ちを考えながら話したりすること。
・自分の考えをしっかりともつこと。

103

資料

●資料1　栗城史多さんプロフィール

1982年北海道生まれ。大学山岳部に入部して2年後の2004年6月，初の海外旅行で北米大陸最高峰の「マッキンリー」（6194m）を単独登頂。

2005年	1月，南米最高峰「アコンカグア」（ポーランド氷河）に単独登頂後，「山と地球を感じてみたい」と思い，6大陸最高峰を単独登頂してきた。
2007年	チョ・オユー（8201m）単独・無酸素登頂。7500m地点からのスキー滑降を行う。
2008年	マナスル（8163m）単独・無酸素登頂と，日本人初となる山頂直下からのスキー滑降に成功。動画配信による「冒険の共有」をスタートさせる。
2009年	ダウラギリ（8167m）単独・無酸素登頂。6500m地点からの生中継を成功させる。6000m地点にてスキー滑降。
2009年秋	エベレスト（8848m）中国側からの単独・無酸素登頂を目指すが，途中で生中継が不可能に。そして，7950m地点で下山。
2010年春	アンナプルナ（8091m）に挑む。新しい中継機材の開発にも取り組むが，機材トラブルでまたも中継に失敗。アタック途中で凍傷になり，頂上まで残り400mの地点で下山。
2010年秋	エベレスト（8848m）ネパール側に向かう途中，飛行機事故で大切な仲間を失う。7000m地点からの中継に成功するが，異常気象のため計画通りに高所順応ができず，厳冬期を前に時間切れとなり7750m地点で下山。

2011年5月現在，シシャパンマ（8027m）南西壁登山に挑戦中。また，2011年秋には3度目となるエベレストの単独・無酸素登山に挑戦。登頂時の模様をインターネット生中継する予定。
2010年12月にファウストA.G.アワード2010にて冒険家大賞を受賞。また2011年1月には，世界中の若者に夢と希望を与える次世代リーダーとして，若者力大賞を受賞。遠征中以外は，日本全国，また海外でも講演活動を行う。高所登山とスキー，そしてエベレストのインターネットライブ中継による「冒険の共有」を目指し，突き進んでいる。

●栗城史多オフィシャルウェブサイトより

夢や目標といった，人にはそれぞれの大きな山が立ちはだかる。
その山に向かえば失敗や挫折が待っているかもしれない。しかし挫折や失敗があったとしても，挑戦している限り自分に負けることはない。だがこの混沌とした世の中で，夢も希望も持てなくなってしまった人が沢山いる。その人達と共に，見えない大きな山に挑戦し成長していきたい。それが「冒険の共有」である。

高校卒業後，夢を求めて北海道から東京に上京するが，すぐに挫折。その後何もしないニートの生活を送っていた。そんな時，偶然のきっかけで大学の山岳部に入部し，山を登り始める。始めは山が嫌いだったが，厳しい冬山の縦走や登攀での経験を通して，「できる，できないは自分が作っている幻想だ」と気付かされ，試練の先にある美しい世界を見つけた。それから山の魅力に取りつかれ，2004年の大学3年生の時に海外初遠征で単独で北米最高峰のマッキンリー（6194m）に向かう。ようやく掴んだ夢だった。

マッキンリーを単独登頂後，地球を感じながら登山をしてみたいと思い，6大陸の最高峰を単独で登り，ヒマラヤへの夢を抱き始める。2007年に初めてのヒマラヤ遠征である，チョ・オユー（8201m）の単独・無酸素登山に挑んだ時に，初めてインターネットでの動画配信に出会う。日々の冒険を伝えるだけではなく，日本から送られてくる沢山のメッセージ。そこには昔の自分と同じように，夢が持てず元気のない人からの沢山の声があった。彼らからの「ありがとう」という言葉を目にした時，見えないが多くの人々も自分と同じように葛藤したり，挫折したり見えない山を登っている，この人達と一緒に山を登ろうと思い，それが自分の冒険の使命と悟った。山を通して，自分の使命と出会えた瞬間だった。

単独・無酸素での8000m峰への挑戦は，他の登山家もできる。でも，自分にしかできない冒険をしたい。そしてプロ野球選手やサッカー選手が人々に夢や勇気を与えるように，「冒険の共有」からヒマラヤの青い空のような無限の可能性を伝え，どれだけの人に一歩を越える勇気を与えられるか。それが栗城の冒険であり，すでに道なき道を行く果てしない冒険は始まっている。

［参考文献・資料］

・「栗城史多オフィシャルウェブサイト」http://kurikiyama.jp
・『7サミット世界七大陸の最高峰へ若き登山家の全記録』NHK（2010年1月4日放映）
・『頂の彼方に…栗城史多の挑戦』BSジャパン（2010年7月17日放映）
・『地球の頂へ　栗城史多エベレスト挑戦』テレビ東京（2010年10月24日放映）

（長崎県　山中　太）

第3章 「驚く」予想を超える事実がある

| 1年 |
| 2年 |
| 3年 |

人々のつながりがふるさとを守る

桧原桜を守った人々
（ひばるざくら）

普段ふるさとのことを考えることが少ない生徒に
人々の心のつながりで地域を守ることを意識させる授業

　私たちの住む町は開発や工事が進み日々刻々と変化しています。なつかしかった田畑の風景やよく遊んだ川や木々など多くの自然と触れ合った場所がいつの間にかなくなってしまった経験はないでしょうか。そのような中で起きた桧原桜の心温まる出来事は，日本人の心の中に本来潜んでいる温かな思いが感じられ，メッセージとして中学生の心にも響くことでしょう。そう願ってこの道徳授業を創りました。

『花かげの物語』

土居善胤（出窓社）

驚く

●資料の概要

　ある朝，いつものように出勤していると見慣れた桜の木が1本切られていた。交通渋滞と歩行者の安全を守るための道路拡張工事が始まったためである。いつも慣れ親しんできた桜並木であったため，いてもたってもいられなくなった筆者がとった行動とは——。そして，それに呼応するように広がっていった名もなき人々の心温まる行動。やがてはこのことが大きな「事件」に発展する。

●脳が活性化する授業づくりのポイント

- 憧 優しい思いや行動が連鎖して広がっていくような社会に憧れる。
- 知 問題を解決するのに取られた優しい情緒ある行動を知る。
- 驚 問題を解決するのに取られた優しい情緒ある行動に驚く。
- 顧 難題が起きた時に，優しく思いやりのある方法で解決させようとしてきたかを顧みる。

授業準備度 ★★★☆☆

ねらい

郷土を大切に思う温かい行動の素晴らしさを感じる。　　（4－⑧郷土愛・先人への尊敬）

準備

- 土居さんが桜につけた歌の内容と写真
- 道路の図
- 現地の写真
- 資料1
- 資料2　生徒数分
- パソコンとプロジェクター

授業の実際（2年で実施）

生徒がよく知っている場所をあげて、「今は住宅街だけど、昔はあそこは森だったんだよ」と話し、興味を引き出したところで次の発問を行った。

■開発にはどのようなよさと問題点がありますか。

■資料への導入としての発問である。

【よい点】
- 便利になる。　　・人が住める。

【問題点】
- 思い出のものがなくなる。
- 自然への影響がある。

「開発と保護というのはとても難しい問題を含んでいますね」と確認した。

「次のような場合を想定して下さい。町中を走る道路が狭くて、毎日車や歩行者でとても混み合って危険な状態です。そこで、50年来道路脇に咲いていた桜の並木を切り倒して道路を広げる工事をすることになりました。あなたは、近くに住む住民です」と説明し、次の発問をした。

■この計画に賛成ですか。反対ですか。理由も考えてください。

■桧原桜に結びつける発問である。

挙手により立場をはっきりさせ、その上で理由を発表させた。

【賛成】…20名
- 道路が使いやすくなるから。
- 安全になるから。
- 桜並木を他の場所に移動した方がよい。

【反対】…6名
- 自然をこわすのは悪いから。
- 他の方法を考えた方がよい。

バイパスをつくるなり、工夫ある改善策を考えた意見もあった。

「賛成の人は、反対意見を聞いて、反対する気持ちもわかりますか」と尋ねると、「その気持ちもわかる」という声があがった。

「先の話の続きです。ある朝、とうとう1本の老桜が切り倒されていました。もうすぐ他の桜も切り倒されそうです。あなたは桜の木を守りたくて、いてもたってもいられなくなってしまいました」と説明し、次の発問をした。

■歩行者の安全や車の渋滞は解消しつつ、桜の伐採を中止してもらうには、どうしたらよいでしょう。

■開発と保護の両者のジレンマを感じながらも前向きな考えをもたせるための発問である。

班で話し合い、考えを紙に書いて黒板に貼らせた。

- 時間交代で座り込む。
- 桜のないところに道をつくる。
- 桜を植え替える。
- 工事の人にお願いする。

道路工事は、土木業者だけでなく、市の道路課が関与していることも知らせた。生徒から出たどの考えも評価したが、生徒自身開発と保護の難しさが感じ取れたようであった。

「今日は、このような難しい問題に関してとても興味深い出来事を紹介します。1984年3月10日の出来事です。つぼみをたくさんつけ、春の開花を待っていた桜の木が1本切られて、いてもたってもいられなくなった近くの住民土居善胤さんは、翌朝5時に起きてこの写真のように歌を木にくくりつけました。幸い、周囲には誰の姿もなく、このことは秘密にしていたそうです」と説明し、次の写真と歌を提示した。

第3章 「驚く」予想を超える事実がある

【写真】

（写真提供　西日本新聞社）

桜花惜しむ大和心のうるわしや
とわに匂わん
花の心は

香瑞麻

〈大意〉桜の花を惜しむ日本人の心の何と美しいことよ。花を思う心は永遠に香ることだろう。

香瑞麻…進藤一馬市長のこと

【歌】

花守り　進藤市長殿
花あわれ
せめてはあと二旬
花がかわいそうだ。せめてあと二〇日間最後の開花を許して下さい。

〈大意〉花守り進藤市長殿ついの開花をゆるし給え

■4 数日後にどんな変化があったと思いますか。
　■資料への関心を高める発問である。
　予想を近くの友達と話させた後に説明を続けた。「すると，数日のうちに次のような歌が木につり下げられました」と言い，資料１（108ページに掲載）を順番に読んで歌の内容を紹介した。そして，「それは近所の人々から寄せられた桜の木が切られることを惜しむ歌だったのです」と解説をした。
　「するとさらに数週間後に次のような歌が木に下げられていました」と説明し，次の歌を提示した。

「市長さんの『あなたの気持ちはよくわかりました』という返事の歌だったのです。市長さんは後に，『私１人の私情だけで公共工事は止められないが，桜を愛する心は確かに受けとめたという気持ちで歌に託した』と語っています」と説明した。
　「その後，この願いは叶えられました。実際の現地の様子です」と言い，次の図を示しながら，「最初に切られた桜の木が×印。当初の道路に対して幅を広げる計画だったが，桜を残すように変更され，実線のように改めて道路整備されたのです。残された桜は，今はちょっとした公園となっています」と説明した。
　「『花あわれ』の歌が掲げられてからの出来事です」と言い，資料２（108ページに掲載）を配付し，その経緯を説明した。また，現地の写真を提示した。

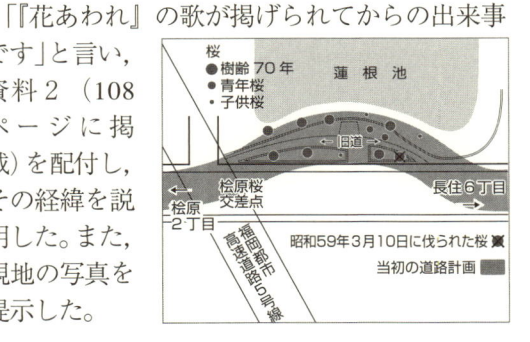

■5 私たちのふるさとで守りたいところはどこですか。どうやって守っていきたいですか。
　■自分たちの身のまわりに目を向けさせ，実践に結びつけるための発問である。
・青の洞門や羅漢寺を大切にしたい。
・本耶馬渓の緑やお寺，田んぼなど。
・ゴミを捨てない。
・将来，市役所で働いて守っていきたい。

資料

●資料1

今年のみの　さくらいとしみ　朝ごとに　つぼみふくらむ　池の辺に行つ
千の人　万の人らに　おしまるる　さくらや今年を　ついのさかりと
ふくらみに　日毎ましゆく　伐らるべき　残(のこん)の花の　蕾幾千
年どしに　賞(め)でし大樹の　このさくら　今年かぎりの　花をはぐくむ
雨風よ　しばしまたれよ　終(つい)の花　別れおしまん　すみきえるまで

『花かげの物語』p.31〜33より抜粋

●資料2

・土居善胤さん（当時福岡相互銀行課長）は，誰にも内緒で市長へ歌で願いを書いた。
・通りかかった川合さん（当時九州電力社長）が発見。
・川合さんが部下の大島さんに話す。
・大島さんが知り合いの西日本新聞社会部記者松永年生さんに伝える。
・大きく新聞に報じられる。
・その後もたくさんの花守りの歌が寄せられる。
・記事が福岡市市長進藤一馬さんにも届く。
・市長が工事担当者へ桜が散るまでと再検討を促し，『桜花惜しむ…』の1首を枝に下げるように頼んだ。
・道路計画が変更され，桧原桜は守られた。

前掲書を元に作成

●資料の収集について

桧原桜の話を知り，自宅から約150km離れた現地「桧原桜」へ早速出かけて取材した。桧原桜の写真はできればあった方がわかりやすい。現地に行けば工事が変更になった経緯や地図も紹介されている。

また，Google Mapで『福岡市南区桧原』で検索すると都市高速道路下に『桧原桜』交差点を確認することができる。道路や桜並木も見ることができる。

実際に行った授業では，こういった写真や資料をプレゼンテーションソフトで提示して，視覚的にも理解しやすくなるように配慮した。

授業実践を終えて

■生徒の感想

・怒鳴り込んだり，座り込み運動をしなくても，優しい気持ちで行動を起こせば，それにリレーするように人々が動いていったところに素晴らしさがあると思った。
・土居さんの一歩を踏み出す勇気も素晴らしい。それを受け止め自分ができることをやっていった人々も素晴らしい。
・桧原桜を守った人々はすごく意志が固く市長までも動かし，桜を残したところがすごいと思った。本耶馬渓の有名な観光地も守っていきたい。

（大分県　田辺裕純）

第3章 「驚く」予想を超える事実がある

| 1年 |
| 2年 |
| 3年 |

前進力をもっていますか

自分をアピールすること

積極性を欠く生徒に
自分をアピールし前進していく力を育てる授業

　中学を卒業して働きながら料理人の道を目指した三國清三（みくにきよみ）さん。初めて食べたハンバーグのおいしさに驚き，自分を売り込みながら札幌グランドホテル，帝国ホテルに就職していく著者の姿は，自分自身をアピールしていくパワフルさに満ちあふれています。このようにダイレクトにアピールしていくひたむきさを知ってほしい，そして生き方として学んでほしい，そう願ってこの授業を創りました。

『前進力』

三國清三（講談社）

驚く

●資料の概要

　フランス料理界で成功したシェフ三國清三さん。15歳で将来の夢を料理人と決め，故郷を離れる。働きながら夜間の調理師学校に通った日々，料理をつくることがかなわず鍋洗いに明け暮れた修業時代。ひたすら壁を乗り越え前に進み，料理人として世界的な成功を収めた。本書の前半部分はこのような三國さんの前進力が記述されている。

　情報端末の発達などにより，人間と人間の魂のぶつかり合いのような経験がしにくくなっているのは，中学生もしかりと思われる。そこで三國さんのタフな前進力をダイレクトに伝えていくことで生徒に感動を覚えさせる構成にした。

●脳が活性化する授業づくりのポイント

- 憧 努力を続けることが報われる例を知り，その前向きな姿に憧れる。
- 知 目標に向けて努力をすることの具体例を知る。
- 驚 努力の末，大使館の料理長に抜擢された前進力に驚く。
- 顧 簡単に諦めないバイタリティが自分にあるか顧みる。

授業準備度 ★★★☆☆

ねらい

困難なことを乗り越えていく前進力を学び，タフに生きていく態度を育てる。
（1－②希望・強い意志）

準備

・『前進力』より
　資料1（p.28 12行目～p.40 6行目）
　資料2（p.40 12行目～p.44 8行目）
　資料4　カバー表紙の写真
・『帝国ホテル厨房物語』より
　資料3（p.204 1行目～13行目）
・三國さんの料理の画像
・ワークシート　生徒数分
・パソコンとプロジェクター
※本書巻末の「『道徳の時間』にプレゼンテーション・ソフトを活用しよう」で，本実践の作成例を紹介している。

授業の実際（1年で実施）

「今日は，北海道のある地方で生まれた『清三さん』の15歳から20歳の人生を紹介します。清三さんは経済的に厳しい家庭環境で育ち，高校進学できません。その中で料理人になりたいと考えました。うまいものがつくりたいから料理人に憧れたのではなく，食いはぐれることがないだろうからと考えたそうです」と，進路を選択した状況を説明した。

「札幌市内の米屋に住み込みで働き，夜は調理師学校に通うことになりました。札幌に来て洋食を初めて口にし，ある食べ物に衝撃を受けました」と説明し，最初の発問をした。

1 皿の上に楕円形の平べったい焦げ茶色のものがのり，その上からドロリとした黒いものがタップリとかかっている。とても人間の食べるものには見えなかったそうです。この食べ物は何でしょう。
　■私たちが何気なく食べているものに対する新鮮な見方を考えさせ，三國さんの当時の状況を理解させる発問である。
・お好み焼き。　　・ハンバーグ。
・コロッケ。　　　・メンチカツ。

「ハンバーグです。その味に魅了され，ハンバーグをつくる料理人になりたいと考えました。札幌でハンバーグが一番おいしいのは札幌グランドホテルと教えられましたが，新入社員は高卒しか採らないと言われます。学歴の壁がありました」と説明した。

2 札幌グランドホテルに入社するために，どんなことをしたでしょう。
　■受け身ではない行動を印象づけるための発問である。
・高卒と嘘をついた。
・高校卒業の資格を取った。

「調理師学校の卒業記念の講習が，札幌グランドホテルで行われるので，その場を利用しました」とヒントを出した。
・社長に直訴した。
・気に入ってもらおうと，掃除などをした。
・料理の腕を見せて採ってもらおうとした。

「清三さんは，講習の中で，一番偉そうな人を見つけて直接頼んだのです。ある人に着目すると，後ろを横切ったほうが早く冷蔵庫まで行けるのに，みんな判で押したように，大きな調理台をグルリとまわって冷蔵庫まで行き，同じように遠まわりして自分の持ち場に戻っていく。それでこの人が一番なんだと判断したのです。そしてその人の前につかつかと行って，ここで働かせて下さいと頼み込んだのでした。その熱意のおかげか，バイトでしたがＯＫをもらえたのでした」と道を切り開く執念を感じさせる様子を説明した。

そして資料1の内容を口頭で説明した。
概要は以下の通りである。
・宴会場の皿洗い，鍋磨きも進んで行う。
・特例で半年で正社員になる。
・連日ホテルに泊まり込み，料理づくりの猛練習に励み，一通りの基本を覚える。
・花形の仕事，肉をお客さんの前で炎を上げながら焼くワゴンサービスを担当。
・「料理の神様」村上信夫さんのことを先輩

第3章 「驚く」予想を超える事実がある

に聞き，帝国ホテルで働きたくなる。
・上司に転職を訴え，説教をしても曲げない清三さんに，総料理長が推薦状を書く。
・一大決心をして帝国ホテルに行くが，アルバイトでしか働けない。正社員待ちが清三さんの前に23人。その人たちは正社員となるが，自分の番になり採用がぱったり止まってしまう。

「もしかしたら村上料理長は自分のことを忘れてしまったのではないかと不安になるのでした」と説明し，次の発問をした。

3 わざとらしくなく，顔を覚えてもらう方法はどんなものがあるでしょう。
■自ら進んで道を切り開いていく姿勢を印象づけるための発問である。

・礼儀正しくする。　・身なりで目立つ。
・料理の腕を上げる。

そして資料2を範読した。「①トイレで偶然出会う作戦」「②進んでテレビ撮影の助手作戦」「③ひげ作戦」等，アイデアと行動力を発揮して頑張る姿が描かれている。

「しかし働き始めて2年が過ぎても正社員の声はかかりません。少しでも新しい技術を吸収しようと，氷細工彫刻の名人に付いて，宴会場に飾る氷細工の手ほどきを受けたり，村上料理長の助手を始めてからは，その日につくる料理のメニューを事前に調べ，下ごしらえや料理の手順をきちんと勉強して，前もって食材に塩や胡椒を振ることもやっていました。それだけ頑張っても正社員になれないのです。もう辞めよう，と決心した頃，村上料理長から呼ばれます」と説明し，次の発問をした。この説明は後に村上料理長の評価の部分と重なるので押さえておく必要がある。

4 村上料理長から何を言われたと思いますか。
■高く評価されていたことを知らせ，人の美しさを知らせる発問である。

・正社員にしよう。　・うちでは雇えない。
次の言葉を大きく提示した。

> 「きみをスイスのジュネーブにある日本大使館付きの料理長に推薦しておいた。年が明けたら，すぐに行けるように準備しておきなさい」『前進力』p.46より

生徒は「まだ正社員ではないんですよね」と確認してきたので「そうだよ。それなのに料理長に抜擢したんだよ」と答え，次の発問につなげた。

5 なぜ村上料理長は，帝国ホテルで料理をしたこともない清三さんを推薦したのでしょう。
■抜擢した根拠と印象的に出会わせるための発問である。

ここは，聞くだけにして，資料3（112ページに掲載）を渡して範読した。そこには村上料理長が評価したポイントが記述されている。

6 清三さんの成功には，これまでの生き方の何が役に立ったのでしょう。
■多くの資料を整理させる発問である。

・いつも上を目指して勉強していた。
・人より先に行動していた。
・人よりもたくさん仕事をした。
・チャンスをつかむために目立つ。

「これらをまとめて『前進力』と，清三さんは言っています」と言い，板書に『前進力』と加えた。

最後に，資料4（109ページに掲載）の三國清三さんの顔写真を提示して，「この方は三國清三シェフです。東京四ツ谷の『オテル・ドゥ・ミクニ』等のオーナーシェフをつとめる洋食料理家です」と説明した。そして三國さんの創る料理の画像を提示し，現在活躍されている様子を伝えた。

感想を書かせて授業を終えた。

【生徒の感想】
・夢をあきらめなかったことで実現できたと思います。これは何にでもあてはまると思うので，私もそうしたいです。
・積極的に仕事や手伝いをすることはよいことなんだなあと思いました。私も何でも積極的に手伝ったり，友達が困っている時に手伝いたいと思いました。

ワークシート

| 道徳学習プリント | （　）年（　）組（　　）番　氏名（　　　　　　　　　） |

15歳　1．（　　　　　　　　）との出会い

16歳
17歳
2．札幌グランドホテルに入社するためにどんなことをしたか。

3．顔を覚えてもらう作戦。

18歳
19歳
20歳
4．村上料理長からの言葉。

5．4．の理由

6．何が役立ったか。

資料

●資料3

　三國君は，（中略）私が総料理長だった当時，札幌グランドホテルから帝国ホテルに志願してやってきた。正社員の枠がなく，パートタイマーで採用したが，やる気があって，よく気がつく男だった。何にでも一生懸命で，良い意味での「欲」があった。

　駐スイス大使への赴任が決まっていた小木曽さんが「専属コックにいい人はいないか」と打診してきたとき，頭に浮かんだ何人かの候補者の中から，私は三國君を選んだ。当時，三國君はまだ20歳の若者，しかも帝国ホテルでは鍋や皿を洗う見習いだったため，料理を作ったことがなかった。

　では，なぜ私は三國君を推薦したのか。彼は，鍋洗い一つとっても要領とセンスが良かった。戦場のような厨房で次々に雑用をこなしながら，下ごしらえをやり，盛りつけを手伝い，味を盗む。ちょっとした雑用でも，シェフの仕事の段取りを見極め，いいタイミングでサポートする。それと，私が認めたのは，塩のふり方だった。厨房では俗に「塩ふり3年」と言うが，彼は素材に合わせて，じつに巧みに塩をふっていた。実際に料理を作らせてみなくても，それで腕前のほどが分かるのだ。

『帝国ホテル　厨房物語―私の履歴書―』村上信夫（日本経済新聞出版社）p.204より
※文中の「三國君」は，授業の中では「清三君」とした。

（熊本県　桃﨑剛寿）

第4章

「顧みる」
私の生き方に直結する

道徳の授業の中で現れる人の生き方。
自分の生活と照らし合わせて考えることは，意外と難しい。
「自分のことをしっかり考えられてよかった」という感想を目にすることもある。
生徒の興味関心が高く考えやすいところを資料化したり，
生徒をその資料に近づける過程を入れたりすることで，
「自分の生き方に大いに参考になる」
「そうだそうだ，こんなことに悩んでいるんだ」
と，自分自身の生き方を顧みるきっかけとすることができる。

1. トイレの神様
2. 「生命の尊重」とは何か
3. 体験をつくろう！
4. 女性科学者の生き方
5. なぜ勉強するのですか
6. 夢に向けて
7. 動物の命を考える
8. 帝国ホテルに学ぶ「伝統と革新」
9. あさみさんの生き方に学ぶ
10. 朝の町内清掃

第4章 「顧みる」 私の生き方に直結する

<授業のポイント>

「トイレの神様」家族に対しての態度を顧みる。
「『生命の尊重』とは何か」生命の尊重を当事者意識で考えていたか顧みる。
「体験をつくろう！」他人に語れるような体験をしてきたか顧みる。
「女性科学者の生き方」性別による有利不利が身のまわりでないかを顧みる。
「なぜ勉強するのですか」勉強する意義を顧みる。
「夢に向けて」自分の夢や目標に向かっていく姿勢や態度について顧みる。
「動物の命を考える」動物を育てる心構えが十分だったかを顧みる。
「帝国ホテルに学ぶ『伝統と革新』」自分の学校のよき伝統を顧み，これから創っていくべき校風を考える。
「あさみさんの生き方に学ぶ」苦難を乗り越える心が自分にあったかを顧みる。
「朝の町内清掃」地域社会の一員としての役割を自分は果たせているかを顧みる。

本章では自分の生き方を振り返って考えやすい道徳授業が並んでいる。
振り返りやすいと言っても，それぞれ資料には力があり，丁寧に資料を扱いたい。
そして，この授業で十分耕された「自分への思い」を，学級活動や学校行事，職場体験や進路指導へとつなげたい。
それらの一連の学習の，まさに「要」になりうる道徳授業群である。

第4章 「顧みる」私の生き方に直結する

1年
2年
3年

家族を思いやる心に触れる
トイレの神様

家族に反抗的になりがちな生徒に
家族の温かい思いを感じさせる授業

　中学校時代は，利己的になったり自己中心的になりやすい時期です。特に家族に対しては，身内であるだけに感情をぶつけてしまうことがあります。このような時期にこそ，相手のことを考えたり，人を思いやる温かい心をもつことの大切さを考えてほしいと思い，この授業を創りました。

『トイレの神様』

植村花菜（宝島社）

顧みる

●資料の概要
　小学校3年生の頃から，家の事情で，隣に住むおばあちゃんの家で暮らしていた植村花菜さん。その植村さんが，おばあちゃんとの思い出を中心に，家族のことやシンガーソングライターになるまでの様々な出来事，そしてその時の思いを文章にしている。

●脳が活性化する授業づくりのポイント
- 憧　家族の言葉を大切にする生き方に憧れる。
- 知　家族といえども一緒にいられる時間には限りがあることを知る。
- 驚　家族の言葉を大切にする生き方に驚く。
- 顧　支えてくれる家族に対して，どのような態度で接していたかを顧みる。

授業準備度 ★★★★☆

ねらい

おばあちゃんの孫に対する愛情を理解し、家族への思いやりの心を育てる。
（4－⑥家族愛，充実した家庭生活）

準備

・植村花菜さんの写真
・資料1，2　生徒数分
・ワークシート　生徒数分
・植村花菜さんのCD「トイレの神様」
・「トイレの神様」歌詞①，②　生徒数分
　歌詞①1番2番の部分
　歌詞②3番以降の部分

授業の実際（3年で実施）

「トイレの神様」と板書し，このタイトルの曲を知っているか尋ねると，聴いたという生徒が数名いた。植村花菜さんの写真を掲示し，植村さんの曲であることを説明した。次に歌詞①を配付し，「トイレの神様」の2番までを聴かせた。おばあちゃんと暮らしていて，トイレには女神様がいると教わったことが綴られている。

1 どんなおばあちゃんだと思いますか。またどんな孫だと思いますか。

■植村さんとおばあちゃんの関係について理解する発問である。

数人を指名し発表させた。
・優しいおばあちゃん。
・あったかいおばあちゃん。
・素直に言うことを聞く孫。
・明るい元気な孫。

「ところが，次第にけんかすることが多くなっていったそうです」と説明し，次の発問をした。

2 なぜ，植村さんはおばあちゃんとけんかをすることが多くなったのでしょうか。

■植村さんとおばあちゃんの心の距離が離れていくことを知る発問である。

ワークシートを配付し，2分間書かせた。列指名で発表させた。
・おばあちゃんの言うことにイライラしたから。
・実家の家族と暮らしたいという気持ちが強くなったから。

ここで資料1（118ページに掲載）を配付し，範読した。植村さんとおばあちゃんの心の距離が離れていくことが綴られている。

「思春期に入って，このような感情も出てきたのでしょうね。この後，おばあちゃんと一緒の時間は次第に減っていったそうです。植村さんは自分のことで精いっぱいで，おばあちゃんを気づかうことも少なくなっていったそうです。また，高校2年生でバイトを始めてますます忙しくなったので，夜遅く帰ってきたり，朝早く出かけたりすることも増えました。ごはんもバイト先で食べることが多くなり，生活時間帯も合わなくなっていきました。そうしていつの間にか，実家で寝泊まりすることが多くなったそうです」と，『トイレの神様』のp.72の1行目からp.73の8行目の中の，おばあちゃんとの関係が書かれていた部分を説明した。

続いて下の資料2を配付し，範読した。

【資料2】
　1週間後，大阪に着いた私は病院へ直行した。病室には意外にも元気なおばあちゃんがいた。
「おばあちゃん，ただいま」
「帰ってきたんやね。おかえり」
「おばあちゃん，やっと入院したな。あんなに言ったのに病院行かへんで。まあ，これで安心やね」
「したくなかったんやけど，仕方ない」
「お医者さんに治してもらって，はよ元気になりや。またご飯食べれるようにならなアカンで」
「そやなー」
　少ししか話していないのにおばあちゃんは，

第4章 「顧みる」私の生き方に直結する

> 「おばあちゃん疲れたから寝るわ。花菜ももう帰りー」
> と目をつぶった。
> 「じゃあ，明日のお昼に東京に戻らんとアカンから，明日の午前中にもう1回来るな。バイバイ」
> おばあちゃんがいつもと変わらなかったこと，元気な顔を見れたことで私は安心し，実家に戻った。母にも「おばあちゃん，元気そうやん。よかったね」と能天気に言い，家族といつもどおりに過ごし，布団にもぐった。
>
> 『トイレの神様』p.137・138より

おばあちゃんとの最後の会話が綴られている。範読の後に，そのことを告げると教室が静かになった。

❸ おばあちゃんは少ししか話してないのになぜ「もう帰りー」と言ったのでしょう。

■おばあちゃんの孫を思う心やつらい心を推測させる発問である。

・話すのもつらかったから。
・植村さんのことに気を配ったから。
・今の姿を見せたくないから。
・泣きそうになったから。

「おばあちゃんは，翌朝の5時に危篤になり，植村さんは病院へ駆けつけます」と説明して，次の発問をした。

❹ 植村さんは，どんな気持ちで病院に駆けつけたのでしょうか。

■植村さんが病院に到着するまでの心の葛藤を捉えさせる発問である。

ワークシートに書かせた。時間は3分。列指名で発表させた。

・おばあちゃんにはまだ恩返しができていない。
・小学生の時と同じように，仲良くおしゃべりがしたい。
・おばあちゃんと仲直りがしたい。
・もっといい孫だったらよかった。

「呼吸が穏やかになり，おばあちゃんは静かに眠りにつきました。まるで植村さんが来るのを待っていてくれたようだと言っています。植村さんは，ちゃんと育ててくれたことへの恩返しもしてない，いい孫じゃなかったのにと言っています。そして，おばあちゃんにしつけられたトイレ掃除を大切にしていこうという気持ちを歌っています」と説明し，その部分が歌われている歌詞②を配付し，範読した。

❺ 「トイレには女神様がいて，頑張ってトイレ掃除をするとべっぴんさんになれる」というおばあちゃんの教えには，どのようなメッセージが込められていると思いますか。

■植村さんに対するおばあちゃんの思いを確認するための発問である。

「どんな人に成長してほしいという願いがこもっているのでしょうか」「トイレを毎日掃除する人をどう思うか」などの補助発問も使った。

ワークシートに書かせた。時間をとって，じっくりと考えさせたいところである。

列指名と，内容が重ならないようにこちらから意図的に指名した数人に発表させた。

・人が嫌がることでも毎日頑張っていれば，立派な大人になれる。
・どんなことにでも，毎日コツコツ努力できる子になってほしい。
・トイレをピカピカにすることで，自分の心をべっぴんさんにしてほしい。
・どこに出しても恥ずかしくない立派な女性になってほしい。
・1つの事に一生懸命になって，あきらめずに努力できる子になってほしい。

CD「トイレの神様」の3番から聴かせた。生徒はしーんとなって，しっかりと聴いていた。

最後に今日の授業の感想をワークシートに書かせて授業を終えた。

資料

●資料1

　中学生になると、実家で夕食をとる回数が多くなっていった。
　おばあちゃんが大好きである気持ちに変わりはなかったけれど、やはり、本音を言えば母やきょうだいたちと一緒に暮らしたかったのだ。淋しい。家族と暮らしたい。でも、おばあちゃんも大事。私の心は揺れていた。
　実家に遊びに行っているとき、母や姉だけが理解している話に「それ何の話？」と首を突っ込むと「あんたはおばあちゃん家の子やから」と蚊帳の外にされる。みんなは冗談のつもりだったかもしれないけれど、けっこうキツかった。
　遊びに行っても、居間で母や姉たちが会話していると、なんだか入っていけない気がして、ふすまに手をかけはしたけれど、開けないでそのままおばあちゃん家に帰ったこともある。なんか悲しい子やね。お姉ちゃんがお母さんと買い物に行ったと聞くと、「私は行ってないし、行けないのに！」とうらやましくてしかたなかった。
　母は、年の離れた末っ子の私が、姉や兄にイジワルされて泣きながら助けを求めても、「花菜、お姉ちゃんの性格知ってるやろ？ ちょっかい出すあんたが悪いんや」と、かばっても助けてもくれない。そんなあれこれが淋しくて、悔しくて、機嫌を悪くしておばあちゃんに当たったこともある。
　長く暮らすにつれ、おばあちゃんと私は、けんかすることも増えた。
　おばあちゃんだって神様じゃない。理不尽なことを言うときもある。けんかをし、「おばあちゃん家、イヤや！」と飛び出して実家に戻る。ところが実家に帰っても、「あんたはおばあちゃん家の子やねんから、さっさと帰りなさい」と言われ、居場所がない。
　なんでや！ 普通は、「じゃあうちに帰っておいで」とか言うもんやろ〜……。
　どこにも行くところがなくて庭でひとりで泣いていると、飼っていた犬のチャッピーが、「花菜ちゃん、どうしたの？」と言うように涙をぺろぺろなめてくれた。私はチャッピーを抱きしめ、「チャッピー、行くところがないよ〜！」としくしく泣いた。
　ひとしきり泣いて気が済むと、おばあちゃん家に戻った。おばあちゃんは謝るといつもすぐに許してくれたけれど、そんな時間がつらかった。

『トイレの神様』p.54〜56より

授業実践を終えて

■生徒の感想

- 私も一緒に暮らすおばあちゃんに冷たくする時があるけど、私のことを大切に思ってくれているんだなあと思うことがたくさんあります。これからはおばあちゃんを大切にしたいなあと思いました。
- 最近、私はおばあちゃんに対してすごく腹が立っていた。でも今日の授業と歌を聴いて、おばあちゃんは私のことを信じて見守ってくれているということに気づいた。
- 今は恥ずかしくて「ありがとう」とか感謝の言葉は言いたくても言えないけど、後悔しないように言いたいと思った。そして、お母さんやお父さんに優しくしようと思った。
- 僕は家族にやつあたりをしたり、ケンカをしたりしてるけど、実はけっこう家族のことが好きだ。今は文句しか言えてないけど、いつか思いやりの気持ちをもって接していきたいと思う。

（和歌山県　雑賀秀和）

第4章 「顧みる」私の生き方に直結する

| 1年 |
| 2年 |
| 3年 |

判断の難しさを実感せよ
「生命の尊重」とは何か

生命の尊重という概念の難しさを感じている生徒に，客観的に，主観的に，その矛盾を実感させる授業

　いかなる生命も尊重されるべき──。生命の尊厳は保障されるべき──。客観的に考えれば答えは簡単です。しかし，もしも家族の死に際して，その当事者となった時，その客観的な判断ができるのでしょうか。そんな矛盾をはらむ「生命の尊重」について，自作資料を用いて授業を創りました。

自作資料「生きかえって！ ぽんた」

顧みる

●資料の概要
　ある日，ゆうじ君の飼い犬ぽんたが病気になり，息も絶え絶えに。そこでゆうじ君は不思議な力をもつというおばあさんに頼み，ぽんたを生きかえらせるという自作資料である。このストーリーに込めた「生命の尊重」の是非に焦点を当てると，中学生が深く考えられる資料になる。

●脳が活性化する授業づくりのポイント
- 憧 生命の尊重について多角的に考えられることに憧れる。
- 知 生命の尊重には，普遍的な意味と個人的な意味があり，時には矛盾することを知る。
- 驚 生命の尊重に対する判断は捉え方により変わることに驚く。
- 顧 生命の尊重について，「自分だったら…」という当事者意識をもって考えていたか顧みる。

授業準備度 ★★★☆☆

ねらい

資料の中に「生命の尊重」が抱える矛盾を発見し，当事者意識をもって考える。
（3－①生命の尊重）

準備

・自作資料「生きかえって！ ぽんた」 生徒数分
・ワークシート 生徒数分

授業の実際（1年で実施）

「生きかえって！ ぽんた」を配付し，各自読むように指示をした。不思議な力をもつおばあさんに，愛犬の命を助けてもらうという話である。中学校に入学したばかりの生徒たちは，「こんなことはないよね」「ないない」と言いながらもこの話を楽しそうに読んだ。しかし，言うまでもなく，このストーリーは，「生命の尊重」に関する大きな問題をはらんでいる。

■1 ゆうじ君やおばあさんは「生命」を尊重していると言えますか。

■資料がはらむ「生命の尊重」の問題を意識化させる発問である。

　　言える　　… 15名
　　言えない　… 25名

挙手させて全体で把握することが大切である。中学1年生の1学期の場合，〈言える〉が多くなる。指導時期が進むにつれて〈言えない〉派が増えていく。「尊重」という意味について深く考えられるようになるからである。

■2 そう考えた理由は何ですか。ワークシートに書きましょう。

■自分の意見をよりしっかりしたものにするための発問である。必ず記述してまとめさせることが必要である。

発表させると次のような意見が出た。
〈言える〉

・ゆうじ君がぽんたを救ったから。
・ぽんたが生きかえって，ゆうじ君は幸せになったから。
・命を助けられるのであれば助けてあげたほうがいいから。

〈言えない〉

・そのままなら生きかえることのない命を救ったから。
・ゆうじ君とおばあさんは命を自分勝手にいじったから。
・一度死んだ動物を生きかえらせるのは，自然なことではないから。
・命は人工的に操作すべきではないから。

一般的には，思考力が高い生徒の方が「言えない」という意見を出す傾向がある。

この後，それぞれが書いたことを元に，班討議をさせた。

当初，生徒たちの意見は，「命を生きかえらせているのだから，生命を尊重している」というものと，「死にゆくものを無理に生きかえらせるなんて，生命を勝手に操作している」というものに分かれた。しかし，次第に「生命を自分勝手に操作している」「生命の尊厳を傷つけている」という意見が優勢になっていった。班討議を重ねるうちに，当初〈言える〉と言っていた生徒の多くが後者へと移っていった。

学級全体で班での意見交換を交流させた。すると，多くの班が生命の尊厳を傷つけているという意見にまとまっていることがわかった。

> 「生命を勝手に操作することは，生命の尊厳を傷つけることになる」

と板書してまとめた。生徒は①班討議，学級発表という経緯を経ての結論であること，②客観的に思える，大人の見解に近い感触が抱けたことの2点から，満足げな表情を見せていた。

そこで，「あなたの大切な人を1人，思い浮かべてください。家族でもいいですし，友達でも，好きな人でもいいです。家で飼っているペットでもかまいません」と言い，全員が思い浮かべたことを確認して，次のように問うた。

第4章 「顧みる」私の生き方に直結する

3 その人が今日，亡くなったとします。あなたには生きかえらせる方法があるとします。あなたは「生命の尊厳を傷つけるから」という理由で，その人を生きかえらせないという道を選ぶことができますか。

■本授業で最も問いたい，「生命の尊重」の矛盾について考えさせ，実感させるための発問である。

　　選ぶことができる　…　8名
　　選ぶことができない…　32名

「生命の尊重の問題があっても，やはり自分の身内なら生きかえってほしい」「自分の大切な人が死んでしまったら，絶対に生きかえらせようと思う」という意見が多数出た。最近はペット流行りである。生徒の中にも，ペットを飼っている者が多い。また，父や母，祖父母を最近亡くしたという生徒も中にはいる。このような自分の体験に鑑みてのことと思われる。

　もちろん，班討議の結果を重く見て，「生命の尊重を考えれば，生きかえらせるべきではない」とする意見も少なからず出たことは確かである。しかし，学級全体の傾向としては，〈選ぶことができない〉という者が多数を占めた。10人程度に意見を言わせた時点で，個々の考えをワークシートに書かせた。

　「生命を尊重する」ということは，当然，「生命の尊厳」を守ることを大きく含むわけだが，人間の感情は複雑であり，難しい判断が求められる。

4 今日の授業で考えたことをワークシートに書きましょう。

■「生命の尊厳を傷つけてはいけない」とする，一般的に「正しい判断」が，実際の感情とは大きく矛盾することがあり得るということを実感するとともに，言葉として表現することによって思考をまとめさせるための指示である。

> 僕は今日の授業で，小学校の時に飼っていた犬・ラッキーを思い出しました。ラッキーが死んだ時，本当に悲しくて涙が止まりませんでした。ずーっとなんで死んだの，生きかえってほしいと思っていました。「生命の尊重」なんて簡単には言えないと思いました。

> 「生命の尊厳を傷つけない」「生命を自分勝手に操作してはいけない」というのはとても正しいことだ。でも，人間は正しいことをいつもできるわけではない。正しさと人間の感情とは矛盾することがあるのだ。

> お母さんが死んだとして，薬があったら本当に生きかえらせていいのだろうかと思いました。生きかえってほしいということと，本当に生きかえらせることとは違うんじゃないかとも思いました。

　最後にワークシートにこの日の授業の感想を書かせた。

　生徒はこれから3年間，年に何度か「生命の尊重」の意味について考える授業を受けるわけだが，「生命の尊重」について考えることは単純なことではないこと，その際には今回の授業で考えたことを想い出して，常に「自分だったら……」と当事者意識をもって考えてほしいと話して，授業を終えた。

授業を創るにあたって

　この授業は横藤雅人氏（札幌市立羊丘小学校長）の開発した小学生用の授業を元に，中学生用に修正したものである。小学生には困難と思われる❸によって授業意図を「生命の尊重」の矛盾に気づかせる方向へと修正した。「生命の尊重」の道徳授業を行う場合，「生命の尊重」に絶対的価値を施すアプローチが散見される。「生命を大切にしよう」「他人の命も自分の命と同じように大切なのだ」というメッセージを指導事項とする単線的なアプローチである。こうしたアプローチは，私たちが野菜や肉を食べていることとの矛盾を指摘されかねない。逆に，人間誰しもそれぞれが自分の人生を生きており，それを尊重しなければならないとする，相対的価値を施すアプローチを見る場合もある。しかし，このアプローチは多くの生徒に響かない。それぞれの尊重というテーゼが，自己を尊重されるべきとする絶対的価値につながりやすいからである。そこで「命の教育」を，生物学的な「生命」の尊重と，個人の物語としての「いのち」との「矛盾を認識すること」と捉える。現実社会で「生命」が問題とされる時，例外なく，この両者のバランスの上に重厚な判断が求められる。この判断について考えること，それが「生命を尊重することである」と教えることを意味する。こうした認識に立ち，以下の3つの授業像を提起したい。

①「生命を尊重することの矛盾」について考える授業
②「他人の生，他人の死に対する物語」を紡ぐ授業
③「自分の生，家族の生に対する判断」について考える授業

　本実践は「生命の尊重」（①③を想定）の導入的意味合いを込めた実践である。

資料

生きかえって！ぽんた

　ゆうじくんは小学校2年生。飼い犬の「ぽんた」と一緒に散歩するのを日課にしている。ぽんたはゆうじくんが生まれた時から飼っている犬である。ゆうじくんとぽんたは物心ついたときからいつも一緒。ゆうじくんにとって，ぽんたは誰よりも大切な存在であった。

　ある日，ぽんたが重い病気になってしまう。動物病院に連れて行ったが，どの病院も「助かりません」と言うのだった。ぽんたは息絶え絶えになり，ついに力尽きる。ああ，ぽんた！　ゆうじくんはいてもたってもいられなかった。

　ゆうじくんの町には奇妙なおばあさんが住んでいた。そのおばあさんは不思議な力をもっているという。死んだ人を生きかえらせたとか……。もうこのおばあさんしか頼るところはない。そう決意したゆうじくんはおばあさんのもとへ走る。「ぼくの大切なぽんたを助けて下さい」。しかし，おばあさんは首を縦に振らない。「生きとし生けるものは必ず最後に死を迎えるのです。ぽんたもその運命の日を迎えました。あなたもその死を受け入れなければなりません」。しかし，涙を流しながらお願いするゆうじくん。ぽんたがどれだけ大切な存在なのか，自分がどれだけぽんたを大切にしてきたかを説明するのだった。おばあさんはゆうじくんの叫びに心を打たれる。「今回だけは特別よ」と言ってお祈りをするのだった。ゆうじくんがぽんたのもとへ全力で走っていくと……。

　「わん！」そこには生きかえって元気になったぽんたがいたのだった。

（北海道　堀　裕嗣）

第4章 「顧みる」私の生き方に直結する

| 1年 |
| 2年 |
| 3年 |

人に話せる体験はありますか
体験をつくろう！

日々，変化のない毎日を過ごしている生徒に
何でも体験をすることは貴重だと気づかせる授業

　高校入試の面接などで「中学校時代にしてきたことで何が一番想い出に残っていますか？」という質問に「別にない」と答える生徒がいます。本当はあるのだけど思い出せないのであれば面接の練習でどうにかなりますが，「本当にない」ならどうすればいいのでしょうか。まだ時間があるのなら，今から何かに打ち込んでみよう，熱中してみよう，そしてそれが面接のみならず自分を高めることにつながっていく──。そう願って創った授業です。

『銀のアンカー 5』『銀のアンカー 6』

三田紀房（集英社）

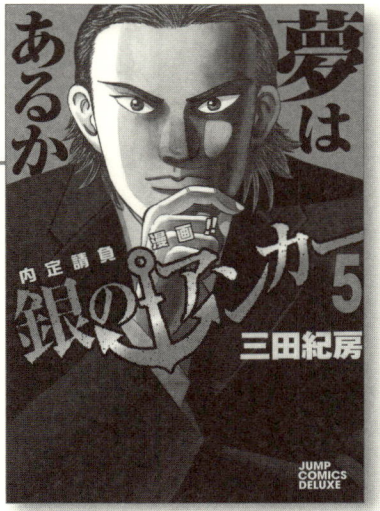

顧みる

●資料の概要
　元カリスマヘッドハンター・白川義彦の就活指南漫画である。授業で活用した話では，体験を積むことの大切さ，やり遂げることの大切さをテーマにしている。

（©三田紀房／集英社）　　（©三田紀房／集英社）

●脳が活性化する授業づくりのポイント
- 憧 語れるような体験のある人生に憧れる。
- 知 意識のもち方次第で体験をつくれることを知る。
- 驚 体験をその後の自分の人生に利用できることに驚く。
- 顧 ベストを尽くして他人に語れるような体験をしてきたか顧みる。

授業準備度 ★★★★☆

ねらい

ベストを尽くして他人に語れるような体験をしたいという気持ちを育てる。
　（1－②希望・強い意志，
　　1－⑤自己理解と向上心・個性の伸長）

準備

・『銀のアンカー　5』より
　　漫画1　p.102～p.109
　　漫画2　p.112～p.114
　　漫画3　p.178
・『銀のアンカー　6』より
　　漫画4　p.4～p.11

授業の実際（2年で実施）

「皆さんは来年はいよいよ高校受験や就職活動があります。面接がある場合もあります。就職活動では面接がまず間違いなくあるでしょう。それでは，隣の人と向かい合ってください。じゃんけんで勝った方が面接官，負けた方が受験生とします。受験生になった人は，中3の冬になっていると仮定して答えてください」と説明し，その役割まで決めさせた。そして，名前，学校名，担任の先生の名前を尋ねるよう指示した。ウォームアップである。

そして**1**の発問について答えさせた。終わったペアは役割を交代させて行わせた。

1あなたの中学校生活において，人に誇れる体験は何ですか。

■テーマに関する自分の体験の脆弱性に気づかせる発問である。

・部活動を頑張ったこと。
・勉強と部活動を頑張ったこと。
・人に迷惑をかけなかったこと。

恥ずかしがって言わない面もあるが，そのような体験を思いつかないようで，活発な発表がなかった。

全員が終わったところで席を元に戻した。
「今日は漫画で授業を進めます。『就活』指導のプロ，白川義彦という人がいました」と言って漫画1を配付して黙読させた。

●漫画1の概要

ある大学が，ぜひ就職の指導をしてほしいと白川さんを呼びました。当日，大教室を用意したのに，集まった学生は30名ほど。白川さんが「天気がいいので屋外で就職の話をしよう」と言うと，ついてきたのは6人だった。そこで，白川さんは6人を山の中に連れて行き「さあ…みんなで力を合わせて家をひとつ作ってみよう。材料と道具はすべてそろっている」と言う。

（©三田紀房／集英社）

2あなたたちが「さあ，みんなで家を作ってみよう」と言われたらどうしますか。

■興味を引きつけるための発問である。
【作る】…24名
・とにかくやってみる。
・白川さんの人柄から不審に思えないから。
・おもしろそうだから。
・なかなかできない経験だから。
【作らない】…6名
・家を作ることと，就職が結びつかないから。

続いて漫画2を配付して黙読させた。

●漫画2の概要

その提案に対し，学生たちは文句を言い，歩いて帰ろうとする。それを見て，白川さんは「やっぱりがんばらないんだね。というよりがんばれない」と言う。

3あなたはそう言われたら怒りますか。

■資料中の学生と自分を重ね合わせる発問である。
【怒る】…23名
・無理なことを言われてしないだけなのに，

第4章 「顧みる」私の生き方に直結する

そんなことを言われるのは無理がある。
・他のことで頑張っているから。
【怒らない】…7名
・あきらめて帰ろうとしたから当たり前。
「学生たちは抗議をしますが，白川さんは『仕事というものはネバーギブアップ！ そしてチャレンジ！ このふたつです』と語ります。企業はそれができる人材を求めています」と説明した。
「その後，白川さんの話を聞いた学生たちは，苦労しながらもなんとか家を作り上げます。6人の学生は，"アイデアを出すもの""アイデアのフォローをするもの""現場を指揮するもの""作業を買って出るもの"と役割分担をしてチームとして仕事を進め，協力して家を完成させるのです。出来上がった家を見て，白川さんは仕事をする上での"仲間力"の大切さを学生たちに語ります」と，家ができるまでの様子を説明した。
続いて漫画3を配付して黙読させた。

●漫画3の概要
家を完成させた後，みんなが帰ろうと車に乗り始めたとき，白川さんは「あの家，ただ作っただけで帰るつもり？ 何もしないの？」「このままでいい？ そうか思いつかないか。それじゃあダメだ…そんなことでは君達の就活は失敗する」と言うのであった。

4 何をすればいいのでしょうか。
■人に語れるような「体験」につなげることを知る発問である。
1人だけ，「住んでみる」と発表があった。それ以外は全員が「わからない」であった。
「就活に利用する，つまり体験にするということです」と説明した。「君たちなら入試に利用することだね」と言い，続いて漫画4を配付して黙読させた。

●漫画4の概要
白川さんは「なぜ君達は自分で作ったものを就活に利用しないのですか」と言う。現在の学生たちは，学生時代に打ち込んだことが何も答えられないか，他の学生と似たり寄ったりの答えしか出せない，自信をもって語れる体験が1つもないという状況に陥っているという話をする。学生は，「つまり，あれを体験の1つにしろと言うことですね」と気がつく。白川さんは「やっと気がついた。遅い」「本日の講義の結論！今からでも間に合う。体験がなかったら作れ！嘘はばれるが，誇張はしていい！」と答えた。

5 あなたには，人に話せるような体験がありますか。
■直接自分を振り返る発問である。
【ある】…12名
・部活の大会で個人優勝。
・文化祭の劇で主役。　・英検。
・理科の自由研究で県まであがった。
【ない】…18名
・言えない。　・わからない。
・思いつかない。
「人に話せる体験がある人もない人も，まだ，中学生です。大丈夫。今から意識して，学校行事に，部活の大会に，授業の課題に全力を出して人に語れるくらい努力してみてください。もうすぐ文化祭，これも体験をつくるチャンスですよ。それともう1つ，この漫画にも出てきましたが，せっかく同時期同学校に偶然にも集まった30名です。仲間力を生かして学校生活を送ってください」と話し，今日の授業の感想を書かせて授業を終えた。

授業実践を終えて

■関連授業

　中学生において「職場体験を人に話せるようなベスト体験にしよう」というように，キャリア教育の一環として授業できると考える。高校生のロングホームルームでも使える。また，教育実習生の生き方指導を含めた道徳教育の講義にも模擬授業として使用できる。
　キャリア教育の単元として，下記の授業とも合わせて実施されてはいかがだろうか。
・「失敗する旅に」(『中学校編 とっておきの道徳授業』p.89)
・「『やりたいこと』と『やれること』」(『中学校編 とっておきの道徳授業Ⅱ』p.111)
・「中学生からの大学選び」(『中学校編 とっておきの道徳授業Ⅲ』p.103)
・「車検と責任」(『中学校編 とっておきの道徳授業Ⅴ』p.67)
・「今後の可能性って？」(『中学校編 とっておきの道徳授業Ⅵ』p.65)

■生徒の感想

・漫画の授業だったので，わかりやすかったです。体験してきたことを考えると，あまりないなと思った。他の人で気づいたことがあるなら教えてほしいです。
・自分が一生懸命やってきたかどうか振り返って考えることができた。漫画はとてもわかりやすかった。整理しながら授業を受けることができた。
・漫画を使った授業だったので，おもしろかった。今から10年くらい，よく覚えておいた方がよい話だったと思う。

■教育実習生の感想

　(実際に教育実習生にもほぼ同じ流れで模擬授業形式の指導を行った)
・とても有意義な時間でした。就活をテーマにしているので，今の自分たちに置き換えて考えることができ，非常に勉強になりました。また，このように漫画でも道徳の教材に利用できるということを学びました。実習中に自分も道徳の授業を担当し，生徒と共に高め合えたらと思います。
・道徳の授業を久々に受けましたが，すごく自分のためになったし，考えさせられました。特に考えさせられたのは，やはり皆の個人個人の意見が違うということです。当たり前のことですが，やはり自分とは違う人間だなと思いました。企業が求めている人材は「仲間力」と書いてありましたが，個人の考えが違う中，仲間と共に仕事を築き上げていくことの大切さがわかりました。自分もこれから「仲間力」を大事にしていきたいと思います。
・自分の就職活動と照らし合わせることができました。今，3週間の教育実習という貴重な体験をしているので，他の誰かに話せる経験として，毎日大切に1日を過ごしていきたいと思います。

(鹿児島県　原口栄一)

第4章 「顧みる」私の生き方に直結する

| 1年 |
| 2年 |
| 3年 |

仕事をする覚悟
女性科学者の生き方

女性の社会進出に不安を感じている生徒に
仕事上の男女平等を考えさせる授業

　科学者として精力的に植物の研究をし，多くの発見をして学会から評価されている中西友子さん。現在は東京大学大学院農学生命科学研究科教授です。しかし，ここまできた道のりは平坦ではありませんでした。女性ゆえの困難さも乗り越えてきたその経緯を知ることは，中学生の仕事に対する意識を高める教材として適していると考え授業化しました。できれば，授業後，本資料に登場する他の女性科学者のエピソードも読んでほしいと願っています。

「親愛なるマリー・キュリー ―女性科学者10人の研究する人生―」

猿橋勝子・監修（東京図書）

顧みる

●資料の概要
　科学者や研究者の仕事には本質的な男女の差はなく，能力の違いもない。しかし，研究職・教育職への採用や昇進の機会では，残念ながら男女間で差があることは明らかであろう。本資料では，女性科学者たちが困難に挫けず，国際的にも広く活躍していることが，生き生きと述べられている。本資料には10人の女性科学者が紹介されており，その中の中西友子先生を教材化した。

（写真提供　中西友子）

●脳が活性化する授業づくりのポイント
- 憧 女性として不利な面があるにもかかわらず研究に邁進している中西さんの生き方に憧れる。
- 知 女性が働くために整備しなければならない例を知る。
- 驚 働く上で女性に不利な面があることに驚く。
- 顧 身のまわりで性別による有利不利がないか，その解決法は何かを顧みる。

授業準備度 ★★★☆☆

ねらい

男女平等である公平な社会を考える。
　　　　　　（2−④異性の理解と尊重）

準備

- ワークシート　生徒数分
- 資料1，2，3
- 写真資料（できれば，ウェブからダウンロードしたカラー写真が望ましい）
- パソコンとプロジェクター

授業の実際（2年で実施）

「中学1年生の理科では，植物について学習しましたね」と言ってから次の発問をした。

❶植物のどんなことを学びましたか。

■知識を喚起させる導入の発問である。

- 光合成で生きている。
- きれいな花を咲かせる。
- 緑色である。葉緑体がある。

❷植物についてわかっていないことはあると思いますか。

■植物の研究はあまり進んでいないことを印象的に伝えるための発問である。

「ない」が多かった。植物は身近に見かけるので，わからないことはないと考えているようだ。「DNAの量が動物より多く，たくさんの情報があるのに，実はほとんど何もわかっていないそうです。研究をしている人が多いかというと，非常に少ない。なかでも，根について研究している人は本当に少ないそうです」と説明した。「例えば，次のような謎があります」と言い，資料1を提示した。

【資料1】
　根がなぜできたかということも，よくわかっていません。根は，もともとは植物が海から陸に上がってくるとき，自分をしっかり固定するために発達したといわれています。それがいつの間にか主に根が土壌中の養分を摂るような機能を獲得してしまった。
『親愛なるマリー・キュリー』p.178より

❸なぜそのような機能を獲得したのか，この謎がわかりますか。

■植物についてわからないことのイメージをつかませる発問である。

誰も何も言えない。「わからないでしょうね。実は，これら植物についての謎を研究している方がいるのです」と言い，東京大学大学院農学生命科学研究科の中西友子先生の写真を提示した。

「植物の機能や根の解明が進まないのには大きな理由があるのです。それは，生きたままの植物を研究する方法が発展してこなかったことです。植物は枯れてしまっては，活動が起こりません。けれども，生きた状態でいろいろな反応を調べるベストな方法が見つからなかったのです。しかし，中西先生は中性子ラジオグラフィを利用する方法を開発しました。レントゲンに似た方法でX線を当てる代わりに中性子線を植物に当て，X線フィルムを感光させる方法です。水が多いところほど中性子線が通り抜けにくくなり，白く写るのです」と写真を見せて説明した。

＜カーネーション切花の水分中性子線像＞左は光学写真，右は対応する中性子線像。両図とも中央2本は通常の状態であるが，外側2本は水分を断った切花である。
（写真提供　中西友子）

「中西先生は，研究中は，会社に勤めていたこともあったのですが，女性ゆえに困ること

があったそうです」と言って，次の発問をした。

4 どんなことに困ったのでしょう。
■女性が仕事をするということについて深く考えるための発問である。
ワークシートの空欄を埋めるように指示した。

> 1　○○があまり入らない
> 2　同じ○○の女の人がいなかった

1には，お金，収入，時間，2には，出身，性格と記入した生徒が多かった。
そこで，資料2を提示した。

【資料2】
　会社でいちばん感じたのは，女の人にあまり情報が入らないということです。とにかく男の人の間で回っている情報が入ってこない。なぜかなと思いましたら，男の人は2，3人でよく飲みに行くんですね。そこでいろいろ情報がやりとりされているのではないかと思います。ちょっと遅くなったから食べに行こうということになっても，女性は男性と2人っきりで行くと誤解のもととなります。勢い何人かで行くのですが，一対一の場合のような親密な話はできません。とにかくオフィシャル（授業者註：公的）でない場で男の人たちと話をする機会がほとんどないのです。
前掲書p.189より

女性に『情報』が入りにくい状況が説明されている。続いて，資料3を提示した。

【資料3】
　いつも仲間がいないな，と感じることが多かったと思います。私の場合，会社は非常によくしてくださったのですが，同じ境遇の女の人がいなかったのです。女の人は結婚したら辞めていましたし，まして子どもがいて働いている女の人はいませんでした。女の人どうしでも，年齢が違うと自然と興味

の対象や話題も異なってきます。結局，女の人は何かしようと思うと，自分1人でやっていかなくてはいけないのだなと思っていました。職場では，甘え心をもっていたら前に進めないということでしょうね。
前掲書p.189・190より

会社には同じ『境遇』の女性がいなかったため，自分1人でやらなければならなかった状況が説明されている。
「女性が社会で活躍するためには，まだまだ大変なことがありますね」と言って，次の発問をした。

5 これらを解決するためには，どう考えればいいのでしょうか。
■今できることを考える前向きな発問である。
男性の立場と女性の立場で考えるよう指示をした。
＜男性の立場＞
・もっと平等になるように考える。
・女性だからと言って，特別に見ない。
・女性差別をしない。
・結婚したら協力できたらいい。
＜女性の立場＞
・気軽に男子の中に入っていけるようにできたらいいかな。
・甘え心かあ，あるかなあ。学校ではないかも。でも，ないようにしたい。
・結婚しても辞めないようにしたい。
・とにかく頑張る。
・気持ちを強くもつ。

これらの意見を板書し，「出てきた意見で，『男性』と『女性』という言葉を入れ替えて考えてみるのはどうでしょうか」と生徒たちに聞いた。すると「どちらでもあてはまることだ」と気がついた生徒もいた。
「これからの世の中は男子も女子も結婚にしろ仕事にしろ同じ立場で考えていくことになるのではないでしょうか。これから考え始めてみてください」と投げかけた。
最後に，この授業で感じたことを感想として書くよう指示をして授業を終えた。

ワークシート

道　徳　授　業【女性科学者の生き方】

年　　月　　日

（　）年（　）組（　　）番　氏名（　　　　　　　　）

発問1　植物のどんなことを学びましたか。

発問2　では，植物についてわかっていないことはあるでしょうか。

発問3　なぜそのような機能を獲得したのか，そのなぞがわかりますか。

発問4　中西先生が仕事をする上で，女性ゆえに困った問題もあったそうです。それは何でしょう。

1　○○があまり入らない
2　同じ○○の女の人がいなかった

発問5　女性が社会に出るためには，まだまだ大変なことがあります。これらを解決するためには，どう考えればいいのでしょうか。男性として女性として，それぞれの立場から考えて下さい。

●今日の授業の感想

[参考文献・資料]
・「研究炉ひろば」http://rrsys.tokai-sc.jaea.go.jp/rrsys/html/hiroba/No09/hiroba.html
・「原子力百科事典 ATOMICA」http://www.rist.or.jp/atomica/index.html

（鹿児島県　原口栄一）

第4章 「顧みる」私の生き方に直結する

1年
2年
3年

本音で考えてみませんか

なぜ勉強するのですか

勉強する意義をあまり考えていない生徒に
信念をもつことの大切さを意識させる授業

　中学3年生の後半は生徒のほとんどが必死に受験勉強をしています。しかし，なぜそんなに必死に勉強するのかを考えている者はほとんどいないでしょう。そこで，地方新聞に載った中学生の投稿を元に，勉強することの意味を考え，学びには周囲とのかかわりをもつこと，自身の信念をもつことが大事であることを改めて見つめ直してほしい，そう願って創った授業です。

中学生の投稿記事
「なぜ勉強するのですか」
岩手日報夕刊（2008年2月13日付）

顧みる

●資料の概要

　冬休みの課題を提出していない投稿者の中学生が，先生に早く出すよう催促され，「なぜ勉強するのですか」と問うた。「自分のためです」という先生の返答と姿勢に納得できず，「なぜ勉強するのか」について考えていることが記述されている。同じ中学生の投稿であり，「勉強の意義」について，興味をもって考えることのできる資料である。

●脳が活性化する授業づくりのポイント

- 憧 勉強する意義を自分なりにわかって取り組めることに憧れる。
- 知 勉強する意義を考えるのには様々な条件や捉え方があることを知る。
- 驚 勉強する意義についての資料や友達の考えに驚く。
- 顧 勉強する意義を顧みる。

授業準備度 ★☆☆☆☆

131

ねらい

勉強することの意味について考え，信念をもつことの重要性を理解し，健全な学習観を養う。　　（1－④真理・真実・理想の追求）

準備

・投稿記事「なぜ勉強するのですか」　生徒数分
・ワークシート　生徒数分

授業の実際（3年で実施）

授業が始まるとすぐ問うた。

❶ 今，なぜあなたは勉強をするのですか。
■学ぶテーマについて，あらかじめ考えていることを確認する発問である。
・高校受験があるから。
・点数をとりたい，合格したい。
・将来に必要な教養や知識を身につけたい。
・親の期待に応えるため。

❷ あなたはかつて宿題や課題をやらなかったり，出さなかったりしたことはありますか。
■誰にでもある経験を想起させる発問である。
挙手で確認をした。
　・ある…39名　　・ない…1名
「ない」と答えた生徒に「どんな考えで，きちんと提出するの」と問うと，「勉強が遅れたり，成績が下がるのが嫌だから」と答えた。「ある」の生徒に，その時どんな気持ちがしたかを問うと，後悔やあきらめ，今からでも出そうという気持ちが発表された。
ここで投稿記事「なぜ勉強するのですか」（131ページに掲載）を配付し，範読した。「投稿者が『なぜ勉強するのですか』と先生に聞いた際，先生が『それは自分のためです』と言葉を返したことについて問います」と言って，次の発問をした。

❸ 投稿者はなぜこの質問をしたのでしょう。
■❶で自分自身が考えていたことと照らし合わせて考えさせる発問である。
・検定の勉強もやり頑張っているのに，先生に「早く宿題を終わらせなさい」と言われたから。
・勉強に疲れていてその意味を見失ったから。
・自分なりにやっているつもりだったのに口をはさまれたから。
・むしゃくしゃして勉強が嫌になったから。
・勉強している意味を教えられずに，ただひたすらやらされているから。
「先生に対して」「勉強に対して」「自分に対して」の3つの視点から意見が出された。

❹ 先生はどんな気持ちで言葉を返したと思いますか。
■教師が生徒のことをどう考えているか，同じ生徒の立場として，興味をもたせる発問である。
・何言ってるんだ？　将来のために決まってるだろう。面倒くさい質問だなあ。
・自分の生徒が困らないように。
・一生懸命頑張り，よい人間になってほしい。
・それは自分で考えなさい。
「いろいろな考え方があっておもしろいですね」と評価した後，「投稿者は，先生が『必死さが足りない』『死ぬ気で今までにないくらい勉強しなさい』などと簡単に話すことに対して疑問をもっているようです」と補足して，次の発問をした。

❺ あなたは，投稿者が先生の返した言葉に疑問をもっていることについてどう考えますか。
■何の気なしに勉強をしている生徒らが勉強する意義について深く見つめ直すための発問である。
・「後悔しない人生」を歩んでほしいから言っているかもしれないが，簡単に言う先生も決してよいとは思えない。先生はできるのか。

第4章 「顧みる」私の生き方に直結する

- 頑張っているのに，言われる筋合いはない。すごく嫌な気持ちになる。
- 受け取り方は自分次第。別に言われても，勉強するのは自分だから関係ないと思う。
- 自分のためを思って言ってくれているのだから，頑張らなきゃいけない。
- 本当に勉強が足りない人には話すべきことだけど，勉強している人にはもっと違う言葉をかけるべきだ。
- 意味がわからない。勉強が全てじゃないこともある。
- 受験生である以上，やるのが当たり前！
- 特別に扱っていない先生はいいが，口をはさみすぎているために，その子の可能性をつぶしている。
- 何一つ疑問を感じない。
- 進学するためにはそのくらいしなければならない。

途中で，「こんな経験は誰にでもあるんじゃないかな」と言うと生徒はうなずいていた。

6 投稿者は，自分の人生は自分自身で切り開いていくものだと考えていますが，あなたはこの考えをどう思いますか。

■まわりの援助やアドバイスが必要であり，"やりたくない"ことを"やりたくない"時に"やる"ことも大事であることに気づかせる発問である。

- その通りだと思う。でも，人生の中ではやむを得ずまわりの人からの手助けというものが必要になる時があると思う。
- 自分が行動を起こさないと何も変わらないと思うので，その通りだと思う。
- そう思うけど，今，自分で全てをできるわけでもないし，責任だってとれない。だから，今はまだ大人の言葉が必要だと思う。
- まわりの人が助けてくれる時もあるので，その言葉を受け入れることも大切だ。
- 自分1人では生きていけない。まわりの人の協力があって今の自分がいるんだから，自分自身だけでは切り開いていけない。
- 人生は切り開くものではなく，必死にもがいて生きてきた跡だと思う。切り開くとまではいかなくとも，人と同じ時間を生きて，時に交わり，はなれた跡だと思う。

7 「なぜ勉強するのですか」に対し，今思う，あなた自身の考えを書いてください。

■授業の中で深まったことを感じさせる発問である。

- 今，人生を切り開いているところだから。
- これから人生を生きていく中で，自分を成長させるための1つの方法だから。
- 結局は将来，自分が自分らしく生きていくために今，やらなければならないこと。
- 自分の夢をかなえるため。生きていくために必要な力を養うため。
- 自分の行きたい学校に行くため。自分を成長させるため。
- 勉強はしなければらないこと。また，将来の自分のためでもあるし，勉強を通して，勉強以外のことへのヒントを得られると思う。
- 勉強っていうのは人生＝勉強だと思う。
- 自分の将来のためやコミュニケーションを取ったりするための架け橋になるから。
- 勉強が学生の仕事だから。
- 新しい可能性や自分を発見するため。
- 今，勉強をしなくちゃいけない時に勉強をしないと，将来社会に出た時に困ってしまうから。

友達の考えや先生の話を聞いて，感想を書かせ，交流させた。そして授業を終えた。

これまで何の気なしに勉強をしてきた生徒が同じ中学生の投稿を読んで，刺激を受け，興味をもち，勉強することの意味を深く追求することができた。意見も多数出てきて，お互いのいろいろな考えを交流することができた時間であった。

授業実践を終えて

■資料の中の先生からの思い

　本実践をまとめている中，資料の「それは自分のためです」と返された先生から当時の思いを教示していただく機会を得た。彼の成長をうれしく思うと同時に，複雑な思い出でもあるそうだ。先生御自身が教員になって間もないこともあり，深く悩んだ時期だったそうである。しかし，それを糧に今も生徒と「学ぶ意義」の答えを共に探しながら，教育活動を行っているそうである。その当時，学級通信にこの記事を載せ，生徒と共有し合ったそうである。一晩考えて出した，当時の「答え」の一部を紹介する。

　「まだまだ可能性がたくさんあるから，今は自分探しをしているのです。勉強していく中で，自分に興味あることを見つけ，これから将来携わっていきたい仕事に就くために，今は視野を広げているのです。人生は一度きりです。やり直しができません。将来やりたいことが仕事としてできる人は少ないと思いますが，そうなってほしいからです」

　「答えは，１つではないと思います。私の親友は，『今はわからなくても，あと何年かしたらわかるよ』と言います。校長先生は，『勉強するために勉強するんだ』と言います。なるほど…奥が深い。みんなのお母さんお父さんは，何と答えてくれるでしょうか」

　このように返されたこの先生の真摯さにとても感動した。

■生徒の感想

- 先生の「やりたくないことを，やりたくない時にやる」という言葉がとても印象的でした。私のことに置き換えて考えてみました。
- 人それぞれ違った考えをもっていておもしろかったです。「なぜ勉強するのか」の答えはきっと，みんなそれぞれの夢や生き方の違いで変わってくると思います。私は自分の夢を叶えるため，勉強を続けたいです。
- 冬休み中に親とケンカして，私がこの投稿者と同じ質問を親にした時，「そんなことを考える時期ではない」と怒られたことがあります。そのことを思い出して，自分で「なぜ勉強するのか」という自分自身の答えをみつけたような気がします。

（岩手県　角谷隆章）

第4章 「顧みる」私の生き方に直結する

1年
2年
3年

人とのつながりを意識せよ
夢に向けて

現状に満足している生徒に
将来に向けて生き方を考える力を磨かせる授業

　入学して半年の1年生。毎日の生活を楽しんでいるのはいいことですが、現段階での将来の「夢」について考えることで、自分の生き方を見つめさせてみたいと考えました。そして友達の語る夢からも刺激を受け、自分が追い求めているものは何か、今の自分にはそのような夢があるのかを、生徒自身が自分に問うことで深く考えさせ、自分を奮い立たせて夢に向かって生きる姿の輝きや喜びを伝えたい——。そう考えてこの授業を創りました。

「大叔父・大三郎さんが語る　異端児エース本田が生まれるまで」
夕刊フジ（2010年5月25日付）

顧みる

●資料の概要
　サッカーの本田圭佑選手。彼は親戚に勧められ、サッカーの練習ノートを書くことを小学生時代から続けている。自分の夢を実現させる手立てである。「夢をもつこと」の大切さは言うまでもないが、自分の夢に向けて「何かしなくてはいけない」ことを考えさせる資料である。

●脳が活性化する授業づくりのポイント
- 宣　夢に向かって取り組む生き方に憧れる。
- 知　夢の実現について、自分の捉え方やステップ、支えてくれる人などの要件について知る。
- 驚　ノートをつけるという本田選手の夢への取り組みに驚く。
- 顧　夢や目標に向かっていく自分の姿勢・態度について顧みる。

授業準備度　★★★☆☆

ねらい

夢や目標をもち，理想の実現を求めて考えていこうとする姿勢や態度を育てる。
　　　　　　（1－④真理・真実・理想の追求）

準備

・アニメ『キャプテン翼』の映像
・資料　生徒数分
・ワークシート　生徒数分
・パソコンとプロジェクター

授業の実際（1年で実施）

はじめに，アニメ『キャプテン翼』の映像をプロジェクターで大きく見せた。連続のオーバーヘッドキックやゴールキーパーを吹き飛ばすシュートのシーンである。

１ アニメを見てどんな感想をもちましたか。

■それぞれの受け止め方を知り，資料の共有感を高めるための発問である。

挙手した生徒に指名して答えさせた。
・すごいプレーだ。　・動きがスロー。
・ありえん，漫画。　・すごいジャンプ力。
・かっこいい，やってみたい。

「このアニメは『キャプテン翼』です。サッカーが大好きな主人公，翼君の活躍を描く物語です。翼君には，有名な夢があります」と説明して，次の発問をした。

２ 翼君のセリフ「俺の夢は○○を○○○○○○○で優勝させること」の○に入る言葉は何でしょう。

■テーマである「夢」に着目させていく発問である。

挙手した生徒に指名して答えさせた。
・「チーム」を「試合」で。
・「日本」を「大会」で。
・「日本」を「ワールドカップ」で。
・「日本」を「世界」で。

「正解は『日本をワールドカップで』です。『キャプテン翼』は世界中の多くの国で放映されていましたので，世界のプロサッカー選手の多くがこのアニメを見て育ったのです」と説明した。また，私自身のサッカー部時代の仲間との集合写真を見せた。生徒は，どれが私か一生懸命探していた。私自身も『キャプテン翼』の影響を強く受けてサッカーが好きになっていったこと，そしてJリーガーになる夢があったことを語った。生徒はとても興味深く聞き入っていた。夢についてのイメージをもたせ，夢を考えることの楽しさを準備した上で次の発問をした。

３ あなたの「夢」は何ですか。

■夢について考えさせる発問である。

単語，箇条書き程度で考えさせた。この授業はティームティーチングだったので，机間指導での助言や，席の配置を変えて意見の共有をうながすなど，思いを発表しやすい雰囲気をつくった。生徒の「夢」が多く出された。
・看護師。　・保育士。　・プロ野球選手。
・自分の店を持つ（スポーツ店）。
・教師。　・宇宙旅行。
・期末テストで目標点をとる。

「みんなが考えた夢の中で『夢らしい夢』は何だろう」と言うと，「宇宙旅行かな」「プロ野球選手の方だろう」「いや，全部あてはまると思う」等の意見が出た。

４ あなたにとって，「夢」とはどんな意味をもちますか。

■夢をもつことの意義を考える発問である。

全員に，それぞれの思いを発表させた。
一人ひとり発表させ，友達の意見をしっかり聞かせた。これによって，自己の思いを膨らませる効果がある。初め，ワークシートへ記入させた後に，発表させた。
・追い続けるもの。　・叶えるもの。
・大きな目標。　・将来のこと。
・大切なもの。　・宝物。
・自身を動かす原動力になるもの。

「このような夢が達成されると，その人に

第4章 「顧みる」私の生き方に直結する

とってはうれしいことだよね」と言うと，同調する表情であった。「それでは，そのような夢が達成されるには，どんなことが必要でしょうか」と投げかけた上で，資料（138ページに掲載）を配付し，ティームティーチングを組んだ教師が範読した。サッカーの本田圭佑選手のノートを紹介する記事で，親戚の影響で始め，今でも続けているという。本田選手のことを知らない生徒もいるので最初に簡単に本田選手のことを説明し，「そんな本田選手も自分の夢を達成させるため，ノートを地道につけていったのですね」と補足した。

❺あなたは，どのようなステップで夢を実現させようと思いますか。
■夢の実現へのステップを考えさせる発問である。

＜生徒のワークシートより2例＞

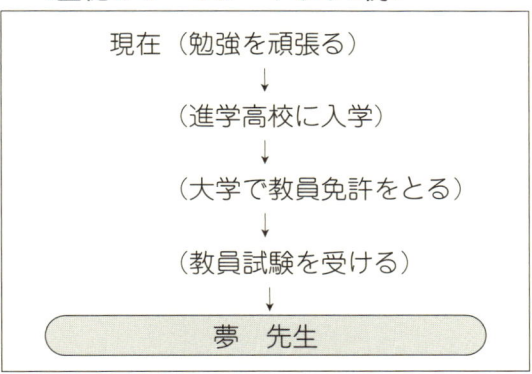

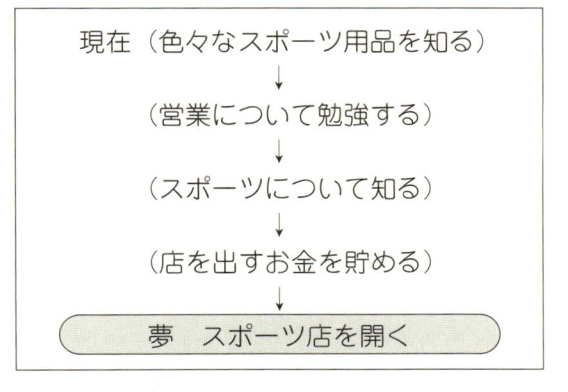

```
現在（勉強を頑張る）
    ↓
（進学高校に入学）
    ↓
（大学で教員免許をとる）
    ↓
（教員試験を受ける）
    ↓
  夢　先生
```

```
現在（色々なスポーツ用品を知る）
    ↓
（営業について勉強する）
    ↓
（スポーツについて知る）
    ↓
（店を出すお金を貯める）
    ↓
  夢　スポーツ店を開く
```

「それぞれ，しっかりとステップを考えることができていますね」と評価した。「本田選手は，大叔父さんが夢の実現を応援してくれました。皆さんにも今書いたステップの中でいろいろな方の支えがあるかもしれません」と言って，次の発問をした。

❻夢を応援してくれる人は誰ですか。
■自分の夢を応援してくれている人の存在に気づかせる発問である。

ワークシートへ記入させた。
・親。どんなに朝早く家を出なければならない時でもいつも食事をつくってくれる。自分のことを一番知ってくれていて，アドバイスや方向を示してくれる。
・親友。本気で相談に乗ってくれる。話を聞いてくれる。
・祖父母。優しく応援してくれる。
・兄弟。親に相談できないことも気軽に話せて親身になって聞いてくれる。

「私を支えてくれたのは親でした。教員の採用枠が少なく希望者も多かったため，まわりからも難しいだろうと言われていました。最初の頃は中学校だけではなく，小学校の試験も受けてみれば？　というアドバイスや，他の職も考えてという話をされました。でも最終的には，おまえの心ゆくまでやってみなさいと後押ししてくれました。そして採用が決まった時，知らせに行くとちょうど留守。でも両親は合格のことを知っていたようで，1枚の手紙を置いてくれていました。短い，わずか2行の言葉です。何て書いてあったと思いますか」と言い，生徒に考えさせた。「おめでとう」「よくやったね」「頑張ったね」という言葉はすぐに出た。

「『おめでとう』は正解です。そしてもう一言ありました」と続けた。もう一言は結局正解は出なかった。「もう一言は『ありがとう』でした。この『ありがとう』という言葉にはいろいろな意味合いがあったと私は思っています。父の跡を継いで教師になったこと，あきらめずにやり通したこと，両親を安心させることができたことなどです。私の夢は両親の夢でもあったのかもしれませんね。あの時は自然と涙が出てきました」と，私自身を応援してくれた両親の言葉を生徒に伝えて授業を終えた。

資料

（前略）

　小学生時代から書きためられた練習日誌，いわゆる"本田ノート"は現在100冊にもなっている。大三郎さんの勧めで始めたものだ。

　「圭佑が，小学校1，2年頃，『おっちゃん，どうしたら多聞さんみたいに強くなれるかな』って聞くから，『じゃあ，ノート持ってこい』って言ったんだ。最初は小さいノートを持ってきたから，真っさらの大学ノートを持ってこさせた。練習日誌を付けて，夜，その日の練習を振り返ることで，もう一度練習するのと同じことになるからね。何でもノートに書いておけば，調子が悪くなったとき，いいときの自分をすぐ思いだせる」

　日誌の付け方も教えた。

　「朝起きたら脈はいくつか，体重は何キロか。トイレに何度いったか。食事には必ず5種類以上のおかずをとったかどうか，必ず5点満点で各分野を評価させた。計算すればエンゲル係数もわかるようにつけさせた。『そうすれば，ばあちゃんに小遣いだってせびれるだろ』と言ったんだ」

（中略）

　「日誌には絶対に感情的なことは書いては駄目だ。練習が気に入らないとか，コーチに腹が立ったとか書いたら，そのうち自分の失敗を人のせいにすることになってしまうからね。まあ，あのときシュートが決まらなかったのは左足が痛かったせいだ，とかはいいよ，書いても。体調のことだから。高校卒業するときには13冊になっていたという話はあとで聞いたよ」

（後略）　　「大叔父・大三郎さんが語る　異端児エース本田が生まれるまで」夕刊フジ（2010年5月25日付）より

【本田圭佑選手の略歴】
- 小学2年生から少年サッカーを始める
- 中学校時代，ガンバ大阪ジュニアユース所属
- 石川県　星稜高校入学（サッカー部所属）　3年生のとき全国ベスト4
- 2005年　名古屋グランパス入団
- 2006年　日本A代表に（出番なし）
- 2008年　※更に高いレベルを求めてオランダ1部リーグ　VVVフェンロへ
- 2009年～ロシアリーグ　CSKAモスクワへ
　　ワールドカップ　南アフリカ大会　日本代表をベスト16に導く

（高知県　河野通久）

第4章 「顧みる」私の生き方に直結する

| 1年 |
| 2年 |
| 3年 |

命の重さを受け止めよ

動物の命を考える

動物の命について深く考えていない生徒に
命の重さを深く受け止めさせる授業

　宮崎県で起きた口蹄疫の問題。感染拡大防止のため，たくさんの牛や豚が殺処分されました。その一方で，飼えなくなって公的機関に持ち込まれたペットなどの殺処分も行われています。その数がほぼ同じであることに気づいた時，何とも言えない悲しみを感じました。ペットを飼うことの責任の重さ，命の重さを受け止めさせたいと願い，この授業を創りました。なおこの授業は，2009年8月に群馬県高崎市で行われた道徳教育改革フォーラムの鈴木健二先生（現・愛知教育大学）の講座「動物の命」の内容をアレンジし，取り入れました。

ブログ「川南町のムッチー牧場だよ〜ん。」より「2010/6/11 からっぽの牛舎」
http://green.ap.teacup.com/applet/mutuo/201006/archive?b=20

顧みる

●資料の概要
　ブログ記事「からっぽの牛舎」には，畜産家の方の想いがストレートに表されている。教師として，自分を高める意味でもぜひ一読したい内容である。まず口蹄疫の問題をよく理解するためには，農林水産省のウェブページ「口蹄疫について知りたい方へ」にわかりやすく記述されている。

●脳が活性化する授業づくりのポイント
- 憧 動物の命を育てる条件をクリアし，みんなで命を大切にできる社会づくりに憧れる。
- 知 動物を飼う条件の厳しさを知る。
- 驚 口蹄疫で殺処分された動物の数とほぼ同じくらい，犬や猫を殺処分していることに驚く。
- 顧 動物を育てる心構えは本当に十分だったかを顧みる。

授業準備度 ★★★☆☆

ねらい

動物の命の重さを感じ，生きとし生けるものの生命を大切に思う心を育てる。
（3－①生命の尊重）

準備

・牛，豚，犬，猫のイラスト
・資料1，2　生徒数分

授業の実際（2年で実施）

「280,000頭」

と板書する。

■ 何を表した数でしょう。
　■口蹄疫によって殺処分された牛や豚の数を知るための発問である。
　ヒントとして牛と豚のイラストを準備していたが，宮崎県での口蹄疫について知っていた生徒から「口蹄疫で死んだ牛や豚の数」という発言がすぐ出た。口蹄疫で殺処分された牛や豚の数であることを確認し，農林水産省のウェブページの資料から口蹄疫の症状や，感染を広げないための殺処分について説明をした。

■ 畜産農家の方々は家畜が殺処分されることをどんな思いで受け止めたと思いますか。
　■当事者のつらさに共感させる発問である。
　・つらくて悔しい。
　・これから生活していけるだろうか。
　・広がらないために仕方ないかもしれないが，やるせない。
　資料1（142ページに掲載）を配付し，読み聞かせた。大切に育てた牛を，全頭殺処分された農家の方のブログの抜粋である。その悲しみが伝わってくる文章である。

次に，「もう1つの数を書きます」と言って，

「286,500匹」

と板書し，次の発問をした。

■ 何を表した数でしょう。
　■全国の公的機関で殺処分された犬や猫の数を知るための発問である。
　・生き残った牛や豚の数。
　・「匹」とあるから，牛ではなく，違う動物。
　・飼っていたペットの数。
　ヒントとして準備していた犬や猫のイラストを見せた。それでも殺処分した数とは出てこなかった。「これは2008年度に公的機関で殺処分された犬や猫の数字です」と説明した。「口蹄疫で殺処分された数と近い」という声があがった。
　2つの殺処分された命を比べて違うことは何かを問うと，「牛や豚の方は見届けてもらっているが，犬や猫の方は見届けてもらっていない」という発言が出た。ペットを飼う人間の責任感のなさに気がついたようであった。そこで責任について考える活動に入った。
　「飼い主がペットを手放してしまう理由を3つあげてみます」と言い，以下を板書した。

　A　引っ越しに連れて行けないから
　B　ペットに赤ちゃんがたくさん生まれて面倒見切れないから
　C　老犬になり猟に連れて行けないから

そして次の発問をした。

■ 3つの中で納得できる理由はありますか。あればその理由を考えましょう。
　■命の重さに迫る発問である。
　ノートに記入させて発表させた。
【Aを選んだ理由】
　・急なことで仕方がない。
【Bを選んだ理由】
　・たくさん世話するのは大変だから。
【Cを選んだ理由】
　・仕方がないと思った。

その後，反論させた。
【Aへの反論】
・条件に合う引っ越し先を探せばいい。
【Bへの反論】
・子犬をあげればいい。
【Cへの反論】
・家でペットにすればいい。

不服そうな表情の生徒が「どれも納得できない」と発言した。他の生徒が理由を聞くと「命に責任をもつことが重要だ」と答えた。

5 犬や猫の飼い主に必要な条件は何だと思いますか。
■殺処分を回避するためにはどうすればよいか考えさせる発問である。
・愛情。
・責任。最期まで見る。
・飼うために必要なことを事前に考えておく。
・強い意志をもつ。自分で決めたのだから。

続いて資料2「飼い主に必要な10の条件」を配付した。項目は以下の通りである。

【資料2】
1) 家族全員が動物好きであること
2) 世話をする時間と体力があること
3) ペットを飼える住宅に住んでいること
4) 動物アレルギーがないこと
5) 引っ越しや転勤の予定がないこと
6) 毎日の世話を10年以上継続できること
7) 経済的な負担も考えておくこと
8) しつけと周囲への配慮ができること
9) 高齢になった動物の介護をする心構えがあること
10) 飼えなくなってしまった場合の受け皿を考えておくこと
(財)日本動物愛護協会公式ホームページより

これらの条件をどう思うか投げかけると，「当たり前」という声があがった。しかし，このままではマイナスの部分だけが印象に残り授業が終わってしまうので，人間の温かさ，可能性に触れさせるため次の発問をした。

6 これから殺処分される犬や猫の数は増えるでしょうか。減るでしょうか。
■今後の殺処分数を考えさせる中で，人間の可能性に気づかせる発問である。

全員が「増える」と答えた。理由は「無責任な人が多いから」「平気で人を殺している人がいるから」などがあげられた。

ここで，「2009年度，犬の殺処分数1という実績を上げた，『殺処分ゼロを目指して』という取り組みをしている自治体があります」と説明し，場所を予想させると，「東京」「北海道」「九州ではない」という声があがった。

「熊本県熊本市です」と説明し，熊本市動物愛護センターを紹介した。そしてセンターの取り組みについて以下の説明をした。

①捨てに来た飼い主を説得する
②飼い主を募集する
③譲渡前講習会を実施する
④殺処分の現場を公開する

①の説明に生徒は驚いていた。

7 動物を飼育する際は，どのようにかかわっていきたいですか。
■今後，自分が動物とかかわる時に，どうありたいかを考えさせる発問である。

私が動物を飼う時は，①愛情をたくさんあげる，②最期まで一緒にいる，③しつけをしっかりする，の3つを守りたい。

私も犬を飼っている。飼う前に家族を説得した。自分が飼わないとこの犬が死んでしまうかもしれないということや，人間が逆の立場だったら？ と説得した。これからも大切に育てたい。

資料

●資料1

　昨日は，朝の搾乳…この牛さん達には最後の搾乳をして，餌を給与して，今日は，最後だから，今日のために残しておいた濃厚飼料をたくさん，食べさせてあげました。

　作業される方々が来る前に，少しでも牛がいやがらないようにと，私が1頭ずつロープでつなぎました。

　私がつなげば，何も不思議に思わないのではないかと，そして，心の中で，一人一人に，ごめんね，ごめんね，ごめんね，ごめんね，ごめんね………と言いながらつなぎました。

　すると，向こうに，防護服の方々がたくさん来ていました。挨拶しようと近くに行きましたが，胸が締め付けられ，言葉に詰まり，ただ，頭を下げるだけでした。

　その後，防護服の皆さんが作業に入られ，私も，しばらくはその場にいました。少しでも牛さんの気をそらせようと，また，濃厚飼料を与えていました。すると，美味しそうに食べてくれました。

　その後，耐えられなくなり，隣の部屋にいました。でも，どうしても牛さんの事が気になり，少し離れた所から，作業や牛さんの様子を見守りました。気のせいか，あまり牛さんも暴れていないようでした。それは，牛さんに対して，優しく，丁寧に，愛情を込めて作業していただいたからだと思います。

　牛舎からお墓に運ぶ時にも，大事に，大事に連れて行ってもらえました。寝床の穴に置いてもらうのも，大切に優しく，そっと寝かせてもらいました。

　お墓の穴も綺麗に掘っていただきました。牛さんのお墓の上にはこの先，芝生でも植えて，綺麗にしていこうと思います。

　作業していただいた皆さん全員の，牛さんに対する愛情に感謝いたします。本当にありがとうございました。

　今まで色々と支えていただいた皆さん，ご支援，ご声援をいただき本当にありがとうございました。いただいたたくさんの花束，折り鶴，口蹄疫をやっつける手裏剣，頑張った牛さんへの金メダル，お守りを一緒に牛さんの枕元に置きました。穴の四隅に，線香を焚き，牛さん達との最後の，最後の，最後のお別れをしました。私は号泣しました。

　昨日は，牛さん達の最後の日でした。一昨夜も，昨夜も，牛舎の隣の部屋に寝ました。昨夜は，親牛の鳴き声，牛が動く音，寝起きの音，仔牛の甘えた鳴き声が聞こえた気がしました。まだ，そこに，牛さんがいる気がしていました。まだ，そこに，牛さんがいると思いたい……。

　でも，今朝，改めて牛舎を眺めたら，やっぱり，そこには牛さんはいませんでした……。

　何で……　どうして……　夢であってほしい…。

　これが現実なのだと私自身に言い聞かせています。今の現実を受け入れなければなりません。時間がかかりそうですが，私が折れてはいけないです。まだまだ，これからもやらなければならないことがたくさんあります。

　私の牛さんのためにも，口蹄疫で犠牲になったたくさんの牛さんや豚さんのためにも，口蹄疫に被災された畜産農家の方々のためにも，口蹄疫で間接的にも悪影響を受けている方々のためにも，これから進んで行きます。無駄死にはさせません。

　口蹄疫で失ったものがたくさんありました。でも，得たものもたくさんあります。

　全国，全世界からの，たくさんの，ご支援，ご声援が，なにより私にたくさんの力を与えていただきました。感謝申し上げます。いただいた力を，これから社会に生かしたいと思います。

　我が家の，39人の牛さん達に……今まで，本当にありがとう。君たちの事は，一生忘れないからね。

ブログ記事「からっぽの牛舎」を授業者が要約・改変

[参考文献・資料]
- 「口蹄疫について知りたい方へ」農林水産省ウェブページ
  http://166.119.78.61/j/syouan/douei/katiku_yobo/k_fmd/syh_siritai.html#q1
- 「飼い主に必要な10の条件」財団法人日本動物愛護協会公式ホームページより
  http://www.jspca.or.jp/hp/kaumae.html

（宮崎県　藏屋瑞代）

第4章 「顧みる」私の生き方に直結する

| 1年 |
| 2年 |
| 3年 |

よき伝統を守ることの大切さ
帝国ホテルに学ぶ「伝統と革新」

よき伝統を残しながら，新たな挑戦をすることが
真の意味で伝統を守ることになると生徒に感じ取らせる授業

中学校にはそれぞれの伝統があるはずですが，そのことを意識する機会は少ないように思えます。また，生徒たちの中では，伝統を守るだけでなく，革新していくという心意気も少ないように思えます。その点，開業120年を迎えた帝国ホテルには，"おもてなしの心"に代表される伝統と，革新があります。2年生の最後や3年生のスタート時に，そういった帝国ホテルのエピソードを知らせ，中学生に自校の「伝統」と「革新」を考えさせる授業です。

帝国ホテルのおもてなし

顧みる

●資料の概要
　日本を代表するホテルとして国内外のVIPをもてなしてきた帝国ホテル。そこには最高の接遇技術がある。また，帝国ホテルの信条は「伝統は革新と共にある」こと。伝統に裏打ちされた「新しいサービス」を常に生み出してきた。「バイキング」スタイルや「アーケード」など，帝国ホテルが生み出したものは数多くある。

（写真提供　帝国ホテル）

●脳が活性化する授業づくりのポイント
　憧 伝統と革新というキーワードを大切にする考えに憧れる。
　知 帝国ホテルの斬新な企画力とサービスの徹底を知る。
　驚 帝国ホテルの斬新な企画力とサービスの徹底に驚く。
　顧 自分たちの学校のよき伝統とこれから創っていくべき校風について顧みる。

授業準備度 ★★★☆☆

143

ねらい

よき伝統を守り，新しい伝統を生み出すことがよりよい校風を創り上げることを理解する。
（4－⑦愛校心，校風樹立）

準備

・帝国ホテルやキアヌ・リーブスの写真
・資料1，2　生徒数分
・ワークシート　生徒数分

授業の実際（2年で実施）

まず，ハリウッド俳優キアヌ・リーブスの写真を提示して，「誰か知っていますか」と聞き，何名かの生徒が答えた。「映画『JM』の中で，キアヌ・リーブスはハラハラドキドキのカーチェイスの連続で泥だらけになったワイシャツを見て，アドリブでこんなセリフを言ったそうです」と言って問うた。

❶キアヌ・リーブスは何と言ったでしょう。

■帝国ホテルのサービスの素晴らしさに興味を引かせ，後のエピソードにつなげるための導入の発問である。
・新しいのを買ってくれ！
・シャツがほしい。
・よくわからない。

「正解は『東京の帝国ホテルのようなランドリーにシャツを出したい』です」と告げた。「なぜ帝国ホテルなのですか」と疑問に感じている生徒もいたので，「以前，彼が来日した際に帝国ホテルに宿泊し，その素晴らしさをとても気に入ったから，映画の中でアドリブを入れたようです」と付け加えた。

❷日本を代表する帝国ホテルを知っていますか。

■帝国ホテルについての興味を深めるための発問である。
クラスの生徒に挙手させた。

・知っている…5名
・知らない…31名

名前を聞いたことがある生徒もいたが，深くは知らないようだった。そこで帝国ホテルの外観やロビー，客室などの写真を見せ，その一流ホテルぶりを感じさせた。生徒からは「大きい」「高そう」などの声も聞かれた。

❸帝国ホテルは開業して何年だと思いますか。

■帝国ホテルの歴史や一流のサービスぶりに関心をもたせるための発問である。
挙手した3名の生徒を指名して答えさせた。
・90年。　・50年。　・100年。

ある生徒は大げさに言ったつもりで100年と答えたが，大半は戦後にできたイメージをもっているようだった。そこで，「正解は120年です」と説明し，その歴史に触れさせた。

そして資料1，2（146ページに掲載）を配付し，範読した。その歴史と豪華さに触れた生徒の何名かに簡単に感想を言わせた。その老舗ぶりや国際的に利用されている事実に感心しているようだった。ここではあえて高級さや豪華さなど物的なよさのイメージをもたせ，後の発問につなげるよう，次の発問を行った。

❹帝国ホテルが120年も続き，世界中から愛されているのはなぜだと思いますか。

■帝国ホテルのコンセプト「伝統と革新」に考えを近づけさせるための発問である。
グループで討議させ，発表させた。
・サービスがよいから。
・いろいろなものが高級だから。
・料理がおいしいから。

もう一度，キアヌ・リーブスのセリフに戻って，「彼のセリフからは『高級さ』や『料理』だけではないことが感じられますね」と付け加えた。そこで，帝国ホテルのコンセプトが「伝統と革新」であることを知らせた。ここで，「伝統」と「革新」について，その言葉のイメージを何名かの生徒に聞いてみた。

「伝統」は「古くから伝わっているもの」「引き継いできたもの」など、「革新」は「新たに挑戦する」「斬新なことをする」などの意見が出た。「では『革新』の部分について考えてみましょう」と言って、次の発問を行った。

5 帝国ホテルが始めた"日本初"のサービスはどれでしょう。
■帝国ホテルの「革新」について、クイズ形式で気軽に触れさせながら、考えを深めるための発問である。
①ホテルで行うディナーショー
②ホテルで行う結婚式
③食べ放題バイキング

選択肢を与え、近くの生徒と相談をさせた上で、挙手させた。その上で、「正解は『全て』です」と告げ、簡単にそのエピソードについて説明した。そして、次の発問を行った。

6 帝国ホテルが120年間大切にしてきた「伝統」とは、どんなものでしょう。
■帝国ホテルの「伝統」について、理解を深めるための発問である。

ここは、なかなか生徒も思いつかないところだったので、何名かにあてた後、それが代々引き継がれてきた"おもてなしの心"であることを告げ、次のエピソードを紹介した。

---
①ホテル内のランドリーサービス。ボタンの取れそうなものは外してから洗い、取れているボタンは付けて返す。そのために約200種類のボタンを用意してある。
②客室係は、客が帰った後も客室から出るごみを1日保管し、間違って捨ててしまった大切なものがあった場合に備えている。
③玄関に立っているドアマンは、約千人のVIPの顔と名前、車種とナンバーを覚えている。また、タクシーで来た客が1万円札しか持っていない場合に備えて、ポケットには両替用に千円札と5千円札が用意されている。

第4章 「顧みる」私の生き方に直結する

そして、「帝国ホテルには、簡単な作業書以外、業務マニュアルのようなものはないそうです。代わりに、120年以上の歴史の中で受け継がれてきた、接客力のDNAがあるそうです。『常に誠実であれ』『基本に忠実』『段取り八分』『背中に目』等々、帝国ホテルの従業員の間には、短く集約された様々な警句が根付いているそうです。これらの言葉には先輩たちの体験が溢れていて、単純なマニュアルに留まらないそうです」と告げた。

そこで「いよいよ皆さんがこの中学校をリーダーとして引っ張っていく、最上学年になる時がきました。私たちの学校にも、『伝統と革新』があるのではないでしょうか。考えてみましょう」と言い、次の発問を行った。

7 皆さんは、残った中学校生活の中で、どんな「伝統」を残したいですか。そしてどんな「革新」を起こしたいですか。
■学校生活に立ちかえって、上級生としての自覚を深めるための発問である。

イメージしにくいかもしれないので、黒板に「生徒会活動、クラス、部活、行事」などの場面をヒントとして板書した。そして、授業の感想をふくめて、ワークシートに記入させた。その後、小グループで書いたことを紹介させ合った。お互いの気づきに「そうか」「そうだよね」等の声があがっていた。

【生徒の感想】
・1人では伝統は残せない。伝えるだけじゃなく、「生み出す」ことにも挑戦したい。
・もう3年生。学校を引っ張っていける最上級生に。部活動で僕たちの代から声が出せる部活になったことが、「革新」かもしれない。
・帝国ホテルの"おもてなしの心"が素敵だと思った。後輩に何か残せる先輩になりたい。
・「革新」をこの中学校に残すなら、「伝統」をつぶさないようにしながら、小さなことからコツコツと新しいものを残していきたいと思った。

資料

●資料1　帝国ホテルの歴史

- 1890年（明治23年）11月，日本で最初の本格的な洋風ホテルとして，東京に誕生。建物の壁面はドイツ風のネオ・ルネッサンス様式，全体の配置構成はネオ・バロック様式。1300坪の敷地。総工費23万円（現在の価格で約58億円）。客室数は当時としては圧倒的な規模の60室。このうち10室が今でいうスイートルーム。外国の要人を迎え入れるために，世界各国から一流の家具や調度品を集め，東洋一の大ホテルを作った。
  豪華で本格的な洋風ホテルとしてスタートしたが，その高額な宿泊料から経営は赤字続き。開業翌年は宿泊客1日平均3.5人と報告書に残っている。

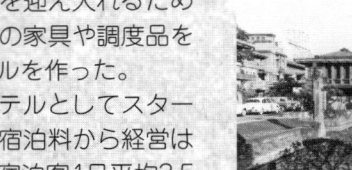

（写真提供　帝国ホテル）

（写真提供　帝国ホテル）

- 1923年（大正12年），世界的に有名な建築家フランク・ロイド・ライトに設計を依頼した「ライト館」が完成。シカゴ万博博覧会に出展された，京都・宇治の平等院を模した鳳凰堂からインスピレーションを受け，デザインされた。総工費900万円（現在の価格で約400億円）。「20世紀最大の職人芸を誇る建築物の1つ」と称される。ライト館竣工披露の式典当日に，関東大震災が東京を直撃したが，大きな損傷もなく，「関東大震災にも倒れなかったホテル」として，一躍その名を世界に広めた。

●資料2　帝国ホテルに宿泊した有名人エピソード

- 喜劇王チャーリー・チャップリンは，1932年（昭和7年）に初めて帝国ホテルを訪れ，和牛ステーキのおいしさに感激。昼も夜も，ホテルで摂る食事はすべてステーキをオーダーした。
- マリリン・モンローは，ジョー・ディマジオとの新婚旅行に帝国ホテルを選び，来日した際の記者会見で，「夜は何を着て寝ているのですか」という質問に，「シャネルの5番」と答えたのは，あまりにも有名なエピソード。
- フランスを代表する映画監督リュック・ベッソンは，帝国ホテルに惚れ込み，映画「WASABI」を撮影する時に，支配人にホテルでロケをさせてくれるよう直訴したほど。
- その他にも，ビル・クリントン元アメリカ大統領，アナン前国連事務総長，アラン・ドロン（俳優），トム・ハンクス（俳優）など世界のVIPが宿泊している。

[参考文献・資料]
- 『帝国ホテル百年史』帝国ホテル編（帝国ホテル）
- 『もてなしの技　帝国ホテルのプロに学ぶ』平嶋崇史・千葉恵理子（朝日新聞WEB新書版）
- 『帝国ホテル物語』武内孝夫（現代書館）
- 『帝国ホテル　伝統のおもてなし』川名幸夫（日本能率協会マネジメントセンター）
- 『村上信夫メニュー　帝国ホテルスペシャル』村上信夫（小学館）
- 『帝国ホテル流　おもてなしの心〜客室係50年〜』小池幸子（朝日新聞出版）

（新潟県　清水謙一）

第4章 「顧みる」私の生き方に直結する

| 1年 |
| 2年 |
| 3年 |

あるもので勝負
あさみさんの生き方に学ぶ

自分の力を見失いがちになっている生徒に
できることを精一杯することの美しさを感じさせる授業

困難に直面する時，「努力が大事」と理屈ではわかっていても，あきらめてしまったり，他人をうらやんだりする生徒が少なくありません。そんな生徒に，努力の成果を信じ，「やればできる」「あるもので勝負」の精神でひたすら努力し続けてきた伊藤あさみさんの生き方の素晴らしさ，美しさと出会わせたい，そしていつか，困難に直面した時に思い出してほしい，と思い，授業を創りました。

『命の学習塾　伊藤あさみさんの講演会』
山形県朝日町ホームページ

『あさみさんの魔法の足～指でつかんだ人生～』
YBC山形放送で放映

顧みる

●資料の概要

両方の手が全く動かず，足だけを頼りに努力してきた伊藤あさみさんの人生に触れる。山形県天童市在住のあさみさんが，気丈に頑張ってこられたのは，「あるもので勝負」という気持ちの転換であったことに焦点をあてる。また，必ずできるようになるという保証がなくても，ひたすら努力し続けたあさみさんが，努力の末に手にしたものは何だったのかを授業で取り上げた。

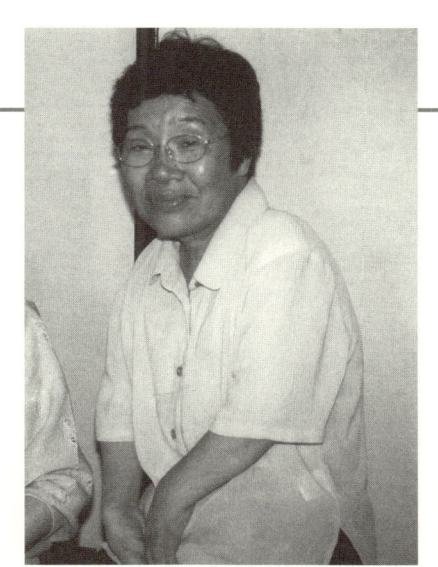

（写真提供　伊藤あさみ）

●脳が活性化する授業づくりのポイント
- 憧 あさみさんのように苦難を乗り越える生き方に憧れる。
- 知 障がいも努力で乗り越えることができ，その姿は美しいことを知る。
- 驚 「あるもので勝負」と厳しく育ててくれた母親の姿勢に驚く。
- 顧 努力することのつらさとそれを乗り越えようとする心のせめぎあいがどれだけあったか自分を顧みる。

授業準備度 ★★★★★

ねらい

自分をまるごと受け入れ，よりよく生きていこうと努力することが，自分の可能性をのばし，人生を切り開く原動力になることに気づく。　　　　　（1－②希望・強い意志）

準備

・伊藤あさみさんの写真
・伊藤あさみさんのサインが書かれた色紙
・自作資料　生徒数分
・YBC山形放送『あさみさんの魔法の足～指でつかんだ人生～』の映像5分
・『仕事が嫌になったとき読む本』笠巻勝利（PHP研究所）
・パソコンとプロジェクター

授業の実際（1年で実施）

「○○があったらいいなぁ～」と板書をして最初の発問をした。

1 皆さんのおばあちゃんだったら，○○に何が入りますか。

■一般的な欲求を確認し，あさみさんの欲求との違いを明確にするための発問である。

・孫の笑顔。　　・孫の優しさ。
・暖かい服。　　・マッサージ機。
・甘い物。　・ソファ。　・お金。
・旅行券。　・若返りの薬。
・健康なひざや腰。　・髪。　・歯。

ここで，伊藤あさみさんの顔写真を提示した。「誰のおばあちゃんかな」「先生のおばあちゃんですか」などの声があがった。

2 このおばあちゃんは，何があったらいいなと思っているでしょうか。

■後に告げるあさみさんの答えに驚きをもたせるための発問である。

・孫の愛。
・健康な足。
・若さ。

「このおばあちゃんは，伊藤あさみさんと言います。このおばあちゃんがほしいものは『動く手』です」と説明し，顔の写真の隣に「動く手がほしいなぁ。」と板書した。そして，「先生があさみさんから記念にいただいた色紙を見せてあげるね」と言って，あさみさん直筆の色紙を見せた。追実践の場合はこの活動と次の発問はカットしてもよい。

3 色紙を，どうやって書いたのでしょう。

■あさみさんへの関心をさらに高めさせる発問である。

・口で書いた。
・足で書いた。

「これは，足で書いたものだそうです」と言って，あさみさんの講演から抜粋した自作資料（150ページに掲載）を範読した。あさみさんの簡単な生い立ちをまとめたものである。

「現在，あさみさんは，どんなことができるようになっているか，テレビで放映された一部を実際に見てみましょう」と言って，『あさみさんの魔法の足～指でつかんだ人生～』の映像を5分間見せた。映像内容は150ページに示している。映像がない場合は，山形県朝日町ホームページの宮宿小学校教育講演会「命の学習塾　伊藤あさみ講演会『やればできる！母がくれた命と勇気』」の中のあさみさんの画像数点を用意するとよい。

4 あさみさんはどんなことを足でやっていましたか。

■映像を見て，率直な感想や驚きを出させる発問である。

・ミシンをかけていた。
・足で包丁を使って，野菜を切っていた。
・掃除していた。
・化粧をしていた。
・右足で立って，左足で醤油を入れていた。
・鍋のふたを高いところからとってふたをした。
・はさみを使っていた。

第4章 「顧みる」私の生き方に直結する

・針と糸で縫い物をしていた。
・洗濯物を干して, 洗濯ばさみを足で使っていた。

できるようになったことが黒板に残るように, 生徒に発表させながら板書した。

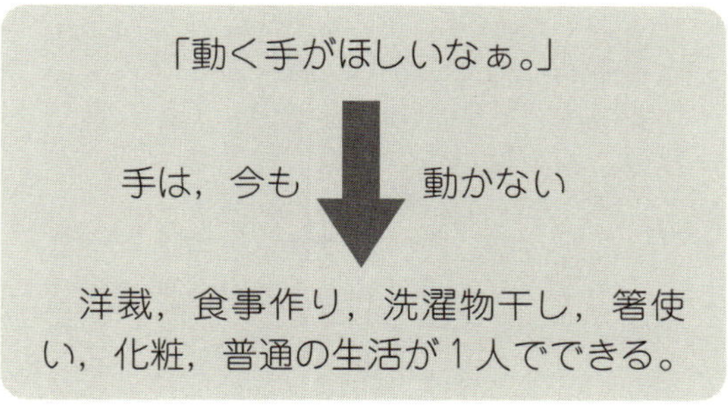

> 「動く手がほしいなぁ。」
> 手は, 今も　↓　動かない
> 洋裁, 食事作り, 洗濯物干し, 箸使い, 化粧, 普通の生活が1人でできる。

「あさみさんは, 手が動かないこと以外, みんなと違う能力をもっているかな」と尋ねると, 「普通の人」「自分と同じ」という声が出た。あさみさんが特別な人ではないことを押さえて次の発問をした。

5 どんな気持ちがあったから, 頑張り通せたのでしょうか。

■「あるもので勝負」という言葉を引き出し, その価値を感じさせる発問である。

・お母さんの重荷になりたくない。
・自分ができない悔しさ。
・自分でできるようにならないと1人では生きていけないから。
・足でやるしかなかったから。
・あるもので勝負, と覚悟を決めたから。
・周囲の人の支えに応えたかったから。

「きっとこんな気持ちが, あさみさんを努力に向かわせたんですね。では, 皆さんはどうでしょう。難しいことが多くなかったですか」と投げかけ, 次の発問をした。

6 皆さんには, 頑張ったけどできなかったという経験はありましたか。

■自己を振り返らせる発問である。

・頑張ったけど, 試合に勝てなかった。
・勉強したけど, 良い点数がとれなかった。

「頑張ってもできない, これからもできるかはわからない。実際はそんなことが多いよね」と共感的な態度を示して次の発問をした。

7 それでも努力し続けると思いますか。

■結果が見えない中, 努力する意義をどう自分で考えるかを問う発問である。

自分の気持ちはどのあたりか, 黒板にネームカードを貼らせた。

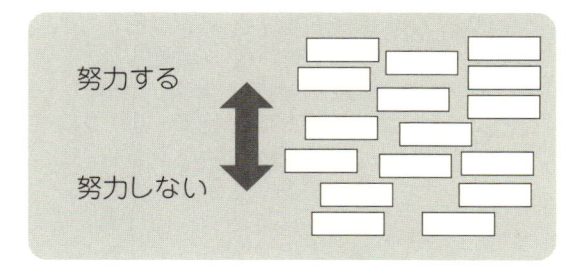

> 努力する
> ↕
> 努力しない

＜努力しない＞の方に近い生徒の意見
・すごいなと思うけど自分はできない。
・できそうなことはするけど……。
・できなかった時のショックが大きいから。
・どんなに頑張ってもできないこともあるし, それに時間を費やすのはどうか。

＜努力する＞の方に近い生徒の意見
・やらないと何もできないから努力する。
・将来できるようになるかもしれないから。
・努力して得られたものはうれしいから。
・努力の過程で得られることは多くあるから。

努力することの大切さを伝えるために, 最後に, 『仕事が嫌になったとき読む本』の中の文を紹介し, 授業を終えた。

> 　現在は過去の鏡である。もし, 現在に満足しているとすれば過去の努力をありありと映し出している。手抜きをした過去なら何も映りはしない。現在満足していても, それは, 現在が正しかったのではなくて過去が正しかったのである。
> 　将来は現在以降を映し出す鏡である。5年後にどうありたいか心に描いてみるとよい。自分が映りたい姿を想定しながら努力していくと, 必ずその通り映し出されるだろう。
> p.146から引用

資料

　この写真のおばあさんは，山形県天童市にお住まいの伊藤あさみさんです。あさみさんは，昭和12年に7人兄妹の長女として生まれました。この時，脳性小児麻痺の一種である「リットル氏病」という病気を背負って誕生しました。重度の上肢機能障害と共に生きるには，非常に大変な時代でした。

　手が自由に動かないため，生活のほとんどを母親にしてもらわなければなりませんでした。成長するにつれ自分ができないことの悔しさを随分思い知らされたと，あさみさんは語ります。小学校の入学を断られたときは，顔が腫れるくらい泣いたと言います。自分がご飯を食べる姿は，犬や猫と同じ，そうしてしか食べられない自分に気づいた時，皿のおにぎりが涙で崩れるほど泣いたそうです。どうして自分の手は動かないのだろう。そう思う日々でした。

　そんなあさみさんを自立させるために，母親が厳しくしつけをします。手が使えないことを悔やんでも何もならない。あるもので勝負！　6歳から，まず足で箸を持つ訓練をしました。足で箸を使って，ご飯を口に運ぶことをはじめに，自分の身のまわりのこと，家事，すべて自分でこなせるようになりました。その次は仕事です。自立しなければならないと思い，足で針と糸を使って裁縫の訓練をしました。浴衣を縫ったときは，何度も針が足の指に刺さり，浴衣が血まみれになってしまうこともあったそうです。その時，お母さんが，「洗濯すれば，きれいになるから大丈夫」と励ましてくれたそうです。学校に行っていないので，文字を読むことも簡単な計算をすることも一からやらなければならなかったそうです。そのため，自分から訓練学校にも通いました。バスに乗って，1人で料金を払い学校に通ったそうです。料金を支払うのも足です。そのため時間がかかります。他のお客さんの視線が自分に一身に注がれている中，自分は足でするしかないと覚悟を決めたそうです。こうやって，努力を重ねて，あさみさんは，結婚をし，子育てをし，今は孫たちに囲まれて幸せな生活を送っています。

●視聴した映像
　YBC山形放送制作「あさみさんの魔法の足〜指でつかんだ人生〜」より，35分間の番組の一部分の5分間を視聴した。
　視聴させた内容は，大きく分けて3つである。1つ目は，あさみさんの日常の生活のシーンである。食事作り，掃除，洗濯物干し，花の手入れ，身だしなみを整えることなどを，なんなく足でこなすあさみさんの姿が映し出される。2つ目は，自分の体験で人を勇気づけられるなら，と始めた講演の様子である。3つ目は，あさみさんとの出会いで，勇気づけられた人たちなどが紹介されたシーンである。

●この授業の発展
　この授業に続き，あさみさんが実際に来校され，第2弾の授業を行った。その授業では，子育て，いじめ，その克服，本当につかんだ幸せと今の中学生に望むことを語っていただいた。あさみさんの話は感動するので，あさみさんの話を聴く活動が主になる授業にした。この第2弾は，本実践の最後の＜努力しない＞派の生徒の考えに大きく影響を与えた。

[参考文献・資料]
・山形県朝日町ホームページ　http://www.town.asahi.yamagata.jp/
　　トップ＞まちの写真館＞バックナンバー＞平成20年度バックナンバー
　　　＞宮宿小学校教育講演会「命の学習塾　伊藤あさみ講演会
　　『やればできる！母がくれた命と勇気』」

（山形県　佐藤朋子）

第4章 「顧みる」私の生き方に直結する

| 1年 |
| 2年 |
| 3年 |

ルール？ モラル？ それとも……
朝の町内清掃

きまりやルールだけで物事を判断しようとする生徒に
人の良心を信じることを知らせる授業

　毎月第1日曜日の朝に行われる町内清掃。「住民全員で」が目指すところなのですが，ここ数年ご近所付き合いも疎遠になっている家庭が多く，なかなか参加率が上がりません。そんな現実に対し，町内会長さんが自分の思いを熱く語ってくれました。会長さんの思いとは……。ルールやきまりで人を縛るのではなく，住民一人ひとりの良心を信じようとする会長さんの言葉は，私たちが普段忘れがちな大切なことを教えてくれます。これを生徒たちにも伝えたい，そう考えて創った授業です。

自作資料「朝の町内清掃」

顧みる

●資料の概要

　私が住んでいる町の町内会長さんから聞いた話を資料化した。月に1度行われる朝の町内清掃が，参加率が伸びず問題になっていた。住民からは「罰金制度を導入すべき」との声も。しかし，会長さんは，それをかたくなに拒み続ける。そこには，会長さんの熱い思いがあった。

●脳が活性化する授業づくりのポイント
- 憧 自分たちの意志で，清掃に参加してほしいと願う会長さんの信念に憧れる。
- 知 地域社会は一人ひとりの自発的な協力が基盤であることを知る。
- 驚 地域社会の理想のために尽力される町内会長さんの純粋な思いに驚く。
- 顧 地域社会の一員としての役割を自分は果たせているのかどうか顧みる。

授業準備度 ★★☆☆☆

ねらい

地域社会での協力について考え，よりよい社会をつくろうとする態度を育てる。
（4－②公徳心，よりよい社会の実現）

準備

・資料1，2　生徒数分
・ワークシート　生徒数分

授業の実際（2年で実施）

「あなたの町では，町内の清掃活動を実施していますか」と，初めにそれぞれの経験を問うた。学校のある郡山市では，多くの町内が毎月第1日曜日に一斉清掃を行っている。また，年に数回，全市一斉のクリーン作戦も実施されており，ほとんどの生徒が「知っている」と答えた。実施している事実を知らない生徒も数名いた。

その上で最初の発問をした。

❶あなたは参加したことがありますか。

■行動が伴っているのかを確認する発問である。

挙手で確認すると，参加したことがある生徒はほとんどいなかった。不参加の理由を聞くと，「家の人が出ているから」「朝が早くて起きられない」「参加している中学生なんていない」など，自分を擁護する意見が次々に飛び出してきた。そこで次の発問をした。

❷「町内清掃」は何のために行っているのでしょうか。

■町内清掃の意義を確認する発問である。

ワークシートに記入をさせた。

簡単な問いなので，ほとんどの生徒が迷わずに書いていた。指名すると「町内をきれいにするため」という答えを発表した。「同じですか」と聞くと全員が挙手した。

❸町内をきれいにするとどんなよいことがあるでしょう。

■町内がきれいになることの意義を確認する発問である。

・みんなが気持ちよく過ごせる。
・路上にゴミを捨てる人が少なくなる。
・市から表彰される。

「他にないかな。みんなで一斉に行うんだよね」と問うと，次の意見が出てきた。

・町内の人との交流が生まれる。
・町の住人の1人としての意識が高まる。
・みんなで町をきれいにしているという実感がもてる。

これらのことから，「町内の人たちにとってとても大切な行事なのですね」とまとめて，資料1（154ページに掲載）を配付し，教師が範読した。会長さんの発言部分は隠しておいた。

❹なぜ会長さんは罰金制に反対するのでしょう。

■会長さんの思いを推し量り，その崇高な考えに印象的に出会わせるための発問である。

ワークシートに記入させ，その後，席が近い生徒同士で話し合わせた。全員に答えさせ板書にまとめた。「それでは会長さんの言葉を教えます」と言い，下の資料2を配付した。

【資料2】

「罰金制にすることで参加率は増えるでしょう。でも，そうすることで『強制的にさせられている』と思う人が出てくるかもしれません。

また，『お金を払えば参加しなくてもいい』と考えてしまう人もいるかもしれません。参加している人からも，『あの家はお金しか出さないから』といった不満の声が出てくると思います。それに，お金がからんでくると人の心はどうしてもぎくしゃくしがちです。町内清掃は，みんなの生活のために行うものです。自分だけのことを考えるのではなく，お互いに助け合っていこうとする気持ちが大切です。それが町内の和を乱すことにつながってはいけま

第4章 「顧みる」私の生き方に直結する

せん。できるだけ，自分たちの意志で，清掃に参加しようとしてくれる人が増えてくれるといいのですが……」

この後，会長さんの言葉と，先に生徒から出された考えとを対照させ，整理していった。

会長さんの言葉…◆　生徒の考え…◇

◆「強制的にさせられている」と思う人が出てくるかもしれません。
　◇いやいやではなく楽しく清掃をしてほしい。
　◇やらされているという気持ちは，きれいにしようとする気持ちとは違う。
　◇罰金制にしても，仕方なく来るだけで，その人の奉仕の心は育たない。

◆「お金を払えば参加しなくてもいい」と考えてしまう人もいるかもしれません。
　◇お金を払えば済むと考える人が出る。

◆「あの家はお金しか出さないから」といった不満の声が出てくる。
　◇町内の雰囲気が悪くなる。
　◇いろいろなクレームが出る。

◆自分だけのことを考えるのではなく，お互いに助け合っていこうとする気持ちが大切です。
　◇本当に都合の悪い人もいるのだから，その人からお金をとるのは不平等。
　◇みんなの自主性が大切。

「お金に不自由している人もいるから」など，会長さんが言っていない意見もあったが，「そういう考えも大切だね」と認めていった。

5 会長さんは，どんな町内にしたいのでしょう。
　■会長さんが町内のことでどんなことを考えているか想像し，自分たちの暮らしに置き換えて考えさせるための発問である。

自由に発言させた。
・協力し合える町内。
・みんなが責任をもって行動する町内。

以上のような意見が出された。そこで，「会長さんは，理想の町内についてこんな話もしていました」と，以下の言葉を口頭で伝えた。

「阪神・淡路大震災のとき，住民同士が顔をよく知っている町内は，救助活動などもスムーズに行き，被害が少なかったと聞いています。うちの町内も，お互いの顔がよく見え，いつでも協力し合えるようになると，もっと住みやすくなると思います」

この後，授業で考えたことを感想として書くよう指示をした。ワークシートに記入をさせた。その後，班の中で発表をさせて，意見の交流をさせた。

最後の3分間に，「この会長さんは先生が住んでいる町内の会長さんです。いつもはにこにこ優しい会長さんですが，熱く語ってくれたのが印象的で，ぜひ授業にしたいと考えたんですよ」と告げた。その時の感想などを少し話して，授業を終えた。

【生徒の感想】

清掃は自分からやるものだと思った。いやいややっても仕方がない。一人ひとりの心がけで変わっていく。お金でなんでも解決しようとするのはよくない。

これからは自分の意志で参加してみようかと思った。いろいろ考えてくれた会長さんに感謝したい。

資料

●資料1　朝の町内清掃

「おはようございます。朝早くから，ご苦労様です」
「お庭の花がきれいですね」
「お嬢ちゃんも，お母さんの手伝いをしてるの？　偉いねぇ」

今日は，町内の一斉清掃の日です。町内会長さんは，町内を一回りしながら，清掃をしている人に声をかけていきます。

「いつも一生懸命に掃除をしていただいてありがとうございます」

会長さんは，町内のために掃除をしてくれる人に心から感謝しています。

町内清掃は，毎月の第1日曜日，朝6時から行われています。以前は，ほとんどの家庭が参加していました。しかし，ここ最近は半分くらいの家しか参加していません。回覧板で連絡してあるはずなのに，なかなか参加率が上がらないのです。会長さんは，そんな中で参加してくれている人に対して，「ありがたい」という気持ちと「申し訳ない」という思いでいっぱいです。だからこそ，いつも一人ひとりに声を掛けずにはいられなくなるのです。

町内清掃への参加率が減ってきていることについては，以前から問題になっていました。先日の役員会でもそのことが話題になりました。

「町内に住んでいる者として，清掃への参加は義務じゃないですか」
「参加できないのなら，罰金を支払ってもらうしかないですよ」
「罰金制をとっている町内会は，けっこうあるようですし」
「会長さん，ここは断固とした対応策をとっていかないと，ますます悪くなる一方ですよ」

役員の人たちから厳しい意見が次々に出されます。罰金制については，これまでも何度か提案されてきました。でも，会長さんはどうしても賛成する気にはなれませんでした。そして，会長さんはこう言いました。

●資料2　※この部分は，資料1を配付する際には隠しておく。

「罰金制にすることで参加率は増えるでしょう。でも，そうすることで『強制的にさせられている』と思う人が出てくるかもしれません。

また，『お金を払えば参加しなくてもいい』と考えてしまう人もいるかもしれません。参加している人からも，『あの家はお金しか出さないから』といった不満の声が出てくると思います。それに，お金がからんでくると人の心はどうしてもぎくしゃくしがちです。町内清掃は，みんなの生活のために行うものです。自分だけのことを考えるのではなく，お互いに助け合っていこうとする気持ちが大切です。それが町内の和を乱すことにつながってはいけません。できるだけ，自分たちの意志で，清掃に参加しようとしてくれる人が増えてくれるといいのですが……」

「会長さん，そんなこと言ってもねぇ，他に何か方法はあるんですか？」

そう言われて，会長さんは困ってしまいました。そして，今朝もまた，一人ひとりに声をかけて回ります。本当にどうするといいのだろう。そんなことを考えながら……。

（福島県　原　徳兆）

おわりに

　本書の原稿がほぼ完成し，本書が書店に並ぶのを心待ちにしていた3月。わが国を未曾有の大災害が襲った。東日本大震災である。たくさんの中学生，教師，保護者の方，学校を支える地域の方が亡くなられた。また，命を落とさずとも，財産や大切な方の生命，思い出などを奪われた方がたくさんいらっしゃる。

　私たちは，働く場は違えど同じ「教育」に携わるものとしても何とかお力添えをしたいと思った。今，何ができるのかと自問した。きっと全国の先生方も同じような思いだろう。特に「道徳の授業」を創る中学教師として何ができるだろうかと考えた。

　危機管理に関する授業であろうか。集団の秩序を守る姿を扱う授業であろうか。生命の大切さを考えさせる授業であろうか。そばで見守る人がいることがどれだけありがたいことかを考えさせる授業であろうか。自然への畏敬を扱う授業であろうか。いろいろな道徳授業が創出できるかもしれない。

　しかし，この大災害を資料として扱うことには躊躇した。もっと事実がはっきりし，これからの動きが定まり，一定の評価が定まってから授業創りをした方が，より真に迫った授業になるであろう。また，命を落とされた方，そして今，獅子奮迅の努力をされていらっしゃる方の思いは計り知れないものである。中学生に考えさせたい内容がそれに見合うだけのものであるのか。その資料を使用する必然性があるのかである。そして何よりも，被災された方々から「このように扱ってもらうならば授業をしてもよい」と言ってもらえるだけの授業か。このようにいくつもハードルを設けた上でそれらを乗り越えた，チカラのある授業を創造していきたいと思う。

　本書に収録した35の道徳授業の始めと終わりには，福島県の原徳兆先生の実践を置かせていただいた。ささやかなエールのつもりである。

　月日がたつのは早いもので，次は本シリーズも10巻目となる。新年度も道徳授業の創造に励み，中学生の人生の一助になる1冊を仕上げたい。

2011年3月24日　　　　　　　　　　　　　　　　　　　　　　　　　編著者一同

道徳授業開発のすすめ

　あなたが創出した道徳授業が「どこかだれかの中学生」を支えるかもしれない。だからこそオリジナル道徳授業を開発し実践されたら，それを自分だけのものにしないで，広く公開してほしい。そうして道徳教育改革運動のひとり──同志になってほしい。

　以下のような手順で投稿をしていただけたら幸いである。本書では，2章の「ぼくのおねがい」，4章の「なぜ勉強するのですか」が，投稿していただいた実践である。

道徳授業記録募集要項

1. **内　容**　自分自身で開発した道徳授業の実践原稿。プランや指導案でも可。
   掲載が決定したら，実践の上で執筆依頼します。
2. **形　式**　本書の各実践原稿の2～3ページ（見開き）を参照。
   授業記録の書式は，A4版2枚，20字×35～40行の2段組です。
   最初は，授業の内容がわかるものであれば，形式は問いません。
   掲載が決まった場合は，規定の書式で執筆していただきます。
3. **送り先**　担当：桃﨑　剛寿
   ①メール（推奨）　t-momosaki@nifty.com
   ②郵　送　〒861-8083　熊本市榎木3-8-46
4. **その他**　掲載原稿には，規定の原稿料をお支払します。
   なお，著作権・出版権は，主催者（道徳のチカラ）と出版社（日本標準）に属します。

「道徳の時間」にプレゼンテーション・ソフトを活用しよう

～ICTを道徳授業の強い味方に～

桃﨑剛寿

　道徳授業を活性化させる手段として，ICT機器およびプレゼンテーション・ソフトの活用を推奨する。＜読み物資料，板書，ワークシート＞の活用に加えて，パソコン，プロジェクター・スクリーンまたはデジタルテレビまたは電子黒板，ページ早送りの遠隔操作ができる機器，さらに映像を使う時はスピーカーを活用するのである。

　ねらいは，「ICTを活用すること」ではない。「ICTを活用して道徳の時間を充実させること」である。授業展開がしっかりしていなければ，プレゼンテーション・ソフトを活用したところで効果は生まれない。このことを前提として，利点と注意点（とその対策）を示したい。

　最大の利点は，いうまでもなく，視覚教材を大きく提示できることで生徒の興味・関心をぐんと高めることである。「この写真を見て気づくことはないか」「次に出てくる言葉は何か」などの発問をすることで，生徒のスライドへの集中度も増す。その姿は，授業の一体感・学級の一体感へとつながり，道徳的な価値が生徒の心に染みていきやすくなる。

　読み物資料を範読する場合も，キーワードを提示することで理解しやすくする。テレビ番組でも出演者の話し言葉に対してテロップが出ることがほとんどである。

　なお，授業自体が活性化するというメリットのみならず，シートの入れ替えが自由にできることや，アニメーションにより資料提示のタイミングまで設定できることで，授業づくりに役立つというメリットもある。もっとも準備が行き届いた授業プランでもある。また，パソコンの特性から資料の保管に便利というメリットもあることも付け加えておく。

　一方で注意点がいくつかある。最たるものは，操作トラブルの危険性である。画面が映らないとか予定していたアニメーションが出ないとかである。これらは通常授業で使っていればほとんど回避できる。授業開始前に，スライドショーを一通り動かして確認することが望ましい。直前で画面の解像度を変更することはトラブルの原因となることがあるので，余裕がない時は避けたい。

　また，どうしても説明的な授業になってしまう傾向がある。スライドの構成や発問は生徒の思考に沿って授業の途中で自由に変えるように意識しておくこと，ハイパーリンクを活用することで生徒の考えに沿ったコースが選べるよう工夫することなどが必要である。

　ほかにも，画面の一番下を座った生徒の頭より高くしないと生徒から見えないこと，文字の大きさが40ポイントくらいないと後ろの席から見えないことなどに注意する。

「道徳の時間」にプレゼンテーション・ソフトを活用しよう

自分をアピールすること

（109～112ページ）

1

道徳授業
清三さん

オープニング画面。このタイトルで，生徒の興味を引きたい。ここでは，三國清三さんの名前を出してしまうと，先入観が入るかもしれないので，「清三さん」と出す。

2

清三さん。北海道生まれ。
半農半漁の家庭に生まれる。

文字の量は少なくする。写真などを出すと，生徒の集中度はぐんと増す。特に人の顔は効果がある。

3

中学校卒業後、料理人を希望。
「食いはぐれることはないだろう」

資料を読み聞かせるので，特にポイントになるところだけを出している。

4

札幌市の米屋に住みこみで働く。
夜は調理師学校に通う。

ここも，資料を読み聞かせるので，特にポイントになるところだけを出している。

5

「皿の上に楕円形の平べったい焦げ茶色のものがのり、その上からドロリとした黒いものがタップリとかかっている。とても人間の食べるものには見えなかった。」

問うている対象の文章が長いので，アニメーションの「スライドイン」を「さらに遅く」下から出す。

6

印象的な画像を大きく提示する。アニメーションの「フェード」をかけて，「さらに遅く」提示する。

7

札幌でハンバーグがいちばんおいしい店は札幌グランドホテル。

新入社員は高卒しか採らない。

ここも，資料を読み聞かせるので，特にポイントになるところだけを出している。

8

札幌グランドホテルに
入社しようとして、
どんなことをしたでしょう。

発問と共に，関係する画像を出すことによって，考えやすい効果をねらう。

❾
資料を読み聞かせるところを，印象的な画像を大きく提示して，興味関心を高める。

❿
印象的な画像を大きく提示する。特に人の顔は効果的である。

⓫
清三さんの前に23人。

その人たちは正社員として採用されていくが

自分の番になって，採用がぱったり止まってしまう。

ここも，資料を読み聞かせるので，特にポイントになるところだけを出している。

⓬
わざとらしくなく顔を覚えてもらう方法とは？

しっかり考えさせたいところは，あえてテキストのみの発問で。

⓭
①トイレで偶然出会う作戦

②進んでテレビ撮影の助手作戦

③ひげ作戦

3つの作戦のタイトルだけを提示して，考えやすいようにしている。

⓮
しかし働き始めて2年が過ぎても正社員の声はかかりません。少しでも新しい技術を吸収しようと，氷細工彫刻の名人に付いて，宴会場に飾る氷細工の手ほどきを受けたり，村上料理長の助手をはじめてからは，その日に作る料理のメニューを事前に調べ，下ごしらえや料理の手順をきちんと勉強して，前もって食材に塩や胡椒を振ることもやっていました。それだけ頑張っても正社員になれないのです。

清三さんのつらい思いが綴られている文章である。配付資料としても活用するため，1枚のシートに入れておいた。時間の関係で，範読するにとどめた。

⓯
村上料理長から何を言われたと思いますか。

しっかり考えさせたいところは，あえてテキストのみの発問で。

⓰
きみをスイスのジュネーブにある日本大使館付きの料理長に推薦しておいた。年が明けたら，すぐに行けるように準備しておきなさい。

資料の中の言葉が誰の言葉かわかるように，示している。

⓱
なぜ村上料理長は，帝国ホテルで料理をしたこともない清三さんを推薦したのでしょう。

しっかり考えさせたいところは，あえてテキストのみの発問で。

「道徳の時間」にプレゼンテーション・ソフトを活用しよう

18
三國君は私が総料理長だった当時，札幌グランドホテルから帝国ホテルに志願してやってきた。正社員の枠がなく，パートタイマーで採用したが，やる気があって，よく気がつく男だった。何にでも一生懸命で，良い意味での「欲」があった。

以下の4枚のシートは，生徒への配付資料なので必要がないシートである。しかしこれを入れておくと，配付し損ねるミスを防げる。教師の都合のシートである。

19
駐スイス大使への赴任が決まっていた小木曽さんが「専属コックにいい人はいないか」と打診してきたとき，頭に浮かんだ何人かの候補者の中から，私は三國君を選んだ。当時，三國君はまだ20歳の若者，しかも帝国ホテルでは鍋や皿を洗う見習いだったため，料理を作ったことがなかった。

20
では，なぜ私は三國君を推薦したのか。彼は，鍋洗い一つとっても要領とセンスが良かった。戦場のような厨房で次々に雑用をこなしながら，下ごしらえをやり，盛りつけを手伝い，味を盗む。ちょっとした雑用でも，シェフの仕事の段取りを見極め，いいタイミングでサポートする。

21
それと，私が認めたのは，塩のふり方だった。厨房では俗に「塩ふり3年」と言うが，彼は素材に合わせて，じつに巧みに塩をふっていた。実際に料理を作らせてみなくても，それで腕前のほどが分かるのだ。

22
清三さんの成功には，これまでの生き方の何が役に立ったのでしょう。

しっかり考えさせたいところは，あえてテキストのみの発問で。

23
出典の紹介は，書籍の表紙を見せる。

24
三國 清三
東京四ツ谷の『オテル・ドゥ・ミクニ』等のオーナーシェフをつとめる洋食料理家

著者の紹介を「大きな写真」「コンパクトなテキスト」で紹介する。

25
三國さんのレストランのホームページから，彼の実力が伝わってくるような画像を大きく提示する。

26
道徳授業
「自分を
アピールすること」

本来の授業で扱いたかったタイトルは最後に提示する。

編著者紹介

　教育サークル「道徳のチカラ」中学（代表：桃﨑剛寿）　http://doutokumath.la.coocan.jp/
　2011年1月1日に設立された，現場の中学校教師を中心とした道徳教育の研究会。「『中学生だからこそ』の道徳授業を共に創出し，広め，わが国の道徳授業が，美しい心と行動へと変える力を持つようになる」ことを目指しながら，目の前の中学生にいかに充実した道徳教育，特に道徳授業を行えるかの実践的研究を行う。前身の「道徳教育改革集団」中学以来の著書として，『中学校編とっておきの道徳授業』Ⅰ～Ⅷ（日本標準）がある。

執筆及び編集者一覧（五十音順）　　　　　　　　　　　　　　　　　　　　　　　　　　（2011年3月31日現在）

石川　晋	北海道	上士幌町立上士幌中学校	田辺　裕純	大分県	中津市立本耶馬渓中学校
緒方　茂	長崎県	対馬市立今里中学校	羽鳥　悟	群馬県	渋川市立北小学校
角谷　隆章	岩手県	岩手大学教育学部附属中学校	馬場　真澄	群馬県	那須塩原市黒磯北中学校
河野　通久	高知県	四万十市立西土佐中学校	原　徳兆	福島県	田村市立船引中学校
金城　真希	沖縄県	石垣市立名蔵小中学校	原口　栄一	鹿児島県	鹿屋市立第一鹿屋中学校
藏屋　瑞代	宮崎県	串間市立都井中学校	堀　裕嗣	北海道	札幌市立北白石中学校
合田　淳郎	東京都	練馬区立関中学校	御前　充司	和歌山県	湯浅町立湯浅中学校
佐藤　朋子	山形県	山形市立第十中学校	桃﨑　剛寿	熊本県	熊本市立江原中学校
清水　謙一	新潟県	上越市立城北中学校	山﨑　みゆき	長崎県	川棚町立川棚中学校
雑賀　秀和	和歌山県	海南市立亀川中学校	山中　太	長崎県	松浦市立鷹島中学校
田中　利幸	栃木県	足利市立北中学校	吉田　綾子	長崎県	松浦市立御厨中学校

※本文中のホームページアドレスなどの連絡先は，2011年3月現在のものです。

21世紀の学校づくり
中学校編　とっておきの道徳授業Ⅸ
脳が活性化する道徳授業35選

2011年　7月15日　初刷発行
編　著／「道徳のチカラ」中学（代表：桃﨑　剛寿）
発行者／山田　雅彦
発行所／株式会社　日本標準
　　　　東京都杉並区南荻窪3-31-18　〒167-0052
　　　　電話03-3334-2620（編集部）
　　　　　　03-3331-3421（営業部）
ホームページアドレス　http://www.nipponhyojun.co.jp/
表紙・編集協力・デザイン／株式会社 コッフェル
イラスト／タカミネシノブ
印刷・製本／株式会社リーブルテック

◆乱丁・落丁の場合はお取り替えいたします。

ISBN 978-4-8208-0546-5